de
te
be

Diogenes Taschenbuch 21321

Bekenntnisse eines Suchenden

Juan Arias
im Gespräch mit
Paulo Coelho

*Aus dem Spanischen von
Maralde Meyer-
Minnemann*

Diogenes

Titel der 1999 bei
Editorial Planeta, Barcelona,
erschienenen Originalausgabe:
›Paulo Coelho: Las confesiones del peregrino‹
Copyright © 1999 by Juan Arias
Umschlagfoto von
Wolfgang Herles/ZDF

Deutsche Erstausgabe

Alle deutschen Rechte vorbehalten
Copyright © 2001
Diogenes Verlag AG Zürich
www.diogenes.ch
60/05/44/9
ISBN 3 257 23294 2

*»Wir alle sind Pilger
auf dem Weg ins Unbekannte.«*

Paulo Coelho

Inhalt

Das Gespräch in Copacabana

Meine Gespräche mit Paulo Coelho fanden in den ersten Julitagen des Jahres 1998 in seiner Wohnung in Rio de Janeiro mit Blick auf den herrlichen Copacabanastrand statt, als wegen der Weltmeisterschaft in Frankreich alle am Fußballfieber litten. Da Coelho die Spiele für die französische Presse kommentierte, mußten wir unsere Sitzungen immer wieder unterbrechen.

Zum ersten Mal gab Paulo Coelho Auskunft über seine Jugend- und Hippiezeit, seinen Weg durch die Wüste der Drogen, seine Versuche mit Schwarzer Magie, über die Zeit, die er in einer Irrenanstalt zugebracht hatte, über das Gefängnis und die Folter. Als wir auseinandergingen, sagte er, nun wolle er in den nächsten zwanzig Jahren nie wieder über sein Leben sprechen müssen.

An unseren Gesprächen nahm auch meine Lebensgefährtin, die brasilianische Schriftstellerin und Dichterin Roseana Murray, teil. Meist begannen sie am frühen Nachmittag, nach Paulos täglichem Strandspaziergang kurz nach dem Aufstehen. Coelho arbeitet nachts, geht im Morgengrauen zu Bett und schläft den ganzen Vormittag; am Nachmittag trifft er sich mit Leuten, liest die Berge von Post, Faxen, E-Mails, die er täglich erhält, und nimmt Telefonanrufe aus aller Welt entgegen.

Unsere Gespräche fanden in seinem Schlafzimmer statt,

das er in dem Teil der Wohnung eingerichtet hat, der zum Copacabanastrand hinausgeht und in dem sein Computer und sein Anrufbeantworter stehen. Manchmal konnte man die Nachrichten auf dem Anrufbeantworter laut mithören. Paulo Coelho spitzte die Ohren, und je nachdem, wer anrief, nahm er den Hörer ab oder nicht. Einmal sagte er mir: »Moment mal, da kommt gerade ein Fax von Boris Jelzin mit einer Einladung nach Moskau.«

An einem Nachmittag wollte er die vielen Briefe, die er täglich erhält, in unserer Gegenwart öffnen, um mit uns darüber zu sprechen. Es sind anonyme Briefe darunter, in denen ihm jemand erzählt, was für Gefühle Coelhos Bücher auslösen; Bittbriefe, in denen die Adressanten ihn um die unglaublichsten Dinge angehen oder sich ihm anvertrauen wie einem guten Magier. An jenem Nachmittag lag unter Dutzenden anderer Briefe auch einer vom brasilianischen Verteidigungsminister. Dieser schrieb ihm, er habe sein Buch *Handbuch des Kriegers des Lichts* gelesen. »Da stimmt was nicht«, sagte Paulo Coelho, »die wichtigen Menschen machen sich nicht die Mühe zu schreiben, aber wenn sie mich treffen, sagen sie mir, daß sie meine Bücher lesen: Shimon Peres beim World Economic Forum in Davos zum Beispiel, zu dem ich dieses Jahr als Redner eingeladen wurde und wo sich die großen Köpfe der Weltwirtschaft treffen.«

Nach Davos waren aus Brasilien nur Paulo Coelho und der Präsident der Republik, Fernando Henrique Cardoso, eingeladen worden. »Die wahren Zaubertricks vollführen heute die Wirtschafts- und Finanzbosse, nicht die armen Berufszauberer«, sagt Coelho.

Die Copacabana nimmt in der Dämmerung alle nur erdenklichen Blautöne an, und Paulo Coelho benutzte häufig das Bild des Meeres – auf spanisch, einer Sprache, die er liebt und beherrscht. Der Autor des *Alchimisten* macht keine halben Sachen: Er ist vielmehr ein Mann der Extreme, leidenschaftlich und ganz »dem guten Kampf« verschrieben. Er ist ein Polemiker, der gerne streitet und dabei immer sehr gerade und einfach bleibt. Er ist sich einer Sache nie sicher, was ihn zu einem guten Zuhörer macht und ihn Irrtümer auch zugeben läßt.

An einem dieser Nachmittage mußte er unser Gespräch eine Stunde lang unterbrechen, weil ein Vertreter seines Verlages in Brasilien mit einem Berufsfotografen gekommen war, um eine Fotostrecke für die Vorstellung seines letzten Romans *Veronika beschließt zu sterben* zu machen. Paulo wollte, daß wir an dieser Fotosession teilnahmen, die ihn in allen Posen festhielt, sogar barfuß im Schneidersitz auf seinem Computertischchen. »Und was machen wir nun mit den alten Fotos?« fragte die Verlagslektorin. Paulo Coelho antwortete: »Du kannst sie an die Provinzzeitungen schicken.« – »Aber Paulo«, protestierte Roseana, »jetzt machst du genau das, was die reiche Erste Welt mit uns macht: Sie schickt uns ihren Müll.« Worauf Coelho sofort einlenkte, die älteren Fotos aus dem Verkehr zog und Weisung gab, die neuen Fotos auch an die Provinzzeitungen zu schicken.

Einige Tage später sprach ich mit dem Theologen Leonardo Boff in seinem neuen Haus im Wald von Itaipava in der Nähe von Petrópolis über diesen Zwischenfall. Boff hatte Paulo Coelho von jeher gegen seine Kritiker verteidigt, weil er meint, der Autor erwecke in einer so zerstreuten, kalten Welt die Liebe zum Mysterium und zum Geistigen. Nachdem er die Geschichte mit den Fotos gehört hatte, sagte Boff: »Ich mag Leute, die keine Angst haben, ihre Fehler einzugestehen. Daran zeigt sich letztlich ihre Seelengröße.«

Die letzten unserer Gespräche fanden nachts statt. Paulo Coelho, der arbeitet, wenn andere Menschen schlafen, fühlt sich dann frisch wie eine Rose. Zudem auch kommunikativer. Wir unterbrachen die Gespräche nur, wenn uns Interviewer die Müdigkeit übermannte. Wäre es nach ihm gegangen, hätten wir die ganze Nacht weiterreden können. Nur um Mitternacht hielt Paulo immer kurz inne, um zu beten. Mitternacht ist für ihn eine rituelle Stunde, genau wie nachmittags um sechs, wenn im Juli in Rio die Sonne untergeht.

In diesen Nächten, in denen Coelho sich vieles von der Seele redete, waren manchmal auch noch andere Personen zugegen. Seiner Frau Christina, die diskret gefragt hatte, ob sie auch zuhören dürfe, sagte Paulo Coelho: »Paß gut auf, denn du wirst Dinge hören, die du noch nie gehört hast, ich habe nämlich beschlossen, ihm alles zu erzählen, mich nackt auszuziehen, damit alle wissen, wer ich war und wer ich bin, damit sie aus mir keine falschen Persönlichkeiten konstruieren.«

Nachts fanden unsere Gespräche im Eßzimmer am anderen Ende der Wohnung statt. Auf dem Tisch standen jeweils Teller mit *tapas,* gekochtem Schinken und Käse, die mit einem köstlichen italienischen Wein begossen wurden. In diesen Stunden schwiegen auch die Telefone, die verschiedenen Faxgeräte und Computer. Und man genoß die Stille, die man tagsüber, wo alle Welt etwas von dem zur Zeit gefragtesten Schriftsteller wollte, oft vermißte.

Einmal waren auch drei junge spanische Studentinnen dabei: die Schwestern Paula und Ana sowie Maria, eine Freundin der beiden. Die drei studierten in Madrid und besuchten in den Semesterferien ihre Eltern in Rio. Ich hatte sie auf dem Hinflug von Madrid getroffen. Als sie erfuhren, daß ich ein Buch mit dem Schriftsteller Paulo Coelho machen wollte, bekamen sie leuchtende Augen. Und jede zeigte mir ein Buch des Autors, das sie gerade las: *Brida, Der Fünfte Berg* und *Am Ufer des Rio Piedra saß ich und weinte.*

Paulo Coelho, der auf bestimmte Zeichen sehr sensibel reagiert, interpretierte meine Begegnung mit den drei Studentinnen, die auf dem Flug nach Rio seine Bücher lasen, als gutes Omen für unser Buchprojekt.

An dem Abend, an dem die Studentinnen da waren, herrschte fast etwas wie eine Aufbruchsstimmung. Vielleicht lag das auch daran, daß Mauro Salles zu uns gestoßen war, Besitzer einer Werbeagentur, Intellektueller, Dichter und eine in Brasilien hochgeachtete Persönlichkeit. Paulo Coelho betrachtet ihn als seinen geistigen Vater. Gemeinsam mit ihren Frauen feiern sie alljährlich den Jahreswechsel in der Einsamkeit der Grotte von Lourdes. Salles saß an dem Abend zwischen den Mädchen und machte sich Notizen zu allem, was gesagt wurde.

Als Schriftsteller *und* Magier hält sich Paulo Coelho streng an gewisse Rituale. So hat er in der Nacht, in der er beschloß, über seine schmerzlichen Erfahrungen mit der Schwarzen Magie und mit satanischen Riten zu sprechen, alles elektrische Licht gelöscht und den Raum nur mit Kerzen erleuchtet. »So kann ich ungezwungener über diese Dinge reden«, meinte er. Ich stellte kaum Fragen; Coelho sprach, als führe er ein Selbstgespräch, während er an alte Wunden seiner Seele rührte. Einer der bewegendsten Momente war, als er von seinem Besuch im Konzentrationslager Dachau erzählte, einem spirituellen Wendepunkt in seinem Leben. Mitten im Erzählen hielt er plötzlich inne und fing an zu weinen. Doch schnell brach er das lastende Schweigen und sagte gleichsam leichthin: »Wahrscheinlich habe ich einfach zu viel getrunken.« Und der fröhlichste Augenblick war, als seine Frau Christina eine weiße Vogelfeder unter dem Tisch aufhob und sie ihrem Mann hinlegte. Paulo strahlte, nahm ihre Hand und sagte bewegt: »Danke, Christina!« Für ihn war diese weiße Vogelfeder, die zufällig zu ihm hereinwehte, das Zeichen, daß ein neues Buch entstehen würde. Und zu dem Zeitpunkt waren wir fast am Ende unserer Gespräche für dieses Buch angelangt.

Er wollte, daß wir unsere Gespräche an dem Ort beendeten, an dem wir sie begonnen hatten, in seinem Schlafzimmer vor dem Hintergrund des sonnenbeschienenen Copacabanastrands. Ich fragte ihn, ob er sich außer für einen Schriftsteller auch für einen Magier halte: »Ja, ich bin auch ein Magier, aber das sind auch alle, die auf der Suche nach ihrem persönlichen Schicksal die geheime Sprache der Dinge zu lesen verstehen.«

Ich wollte im Buch den informellen, ungezwungenen Charakter unserer freundschaftlichen Gespräche bewahren. Gespräche, die manchmal etwas ins Polemische abglitten und dann wieder fast zu Bekenntnissen gerieten. Paulo vertraute mir so sehr, daß er darauf verzichtete, den Text gegenzulesen, und mir die alleinige Verantwortung dafür überließ.

Ich danke Coelhos bestem Freund Mauro Salles für die moralische Unterstützung und die mir großzügig gewährten Einblicke in Paulos komplexe und reiche Persönlichkeit.

Und den neuen und alten Lesern Paulo Coelhos möchte ich versichern, daß sie die ganze Zeit über Gegenstand seiner Aufmerksamkeit waren. Sie waren immer anwesend, wenn er eine Meinung äußerte oder eine unbekannte Facette seines reichen und bewegten Lebens enthüllte. Sie sind letztlich die wahren Protagonisten dieses Buches, das sich an sie wendet und ihnen gewidmet ist.

Wer ist Paulo Coelho?

Paulo Coelho wurde am 24. August 1947 in Rio de Janeiro im Stadtviertel Botafogo geboren, am selben Tag (wenn auch Jahre später) wie sein literarisches Idol, Jorge Luís Borges. Der Argentinier hatte zweifellos Paulo Coelho in seinem Wunsch beflügelt, Schriftsteller zu werden; und Coelho zufolge verdankt *Der Alchimist*, das Buch, das ihn in der ganzen Welt berühmt gemacht hat, Borges sehr viel. Als junger Student kannte Coelho seine sämtlichen Gedichte auswendig und reiste acht Stunden mit dem Bus nach Buenos Aires, nur um den Meister persönlich kennenzulernen. Nach einigen Abenteuern fand er ihn auch, doch als er schließlich vor ihm stand, brachte er kein Wort über die Lippen. Er sah ihn bloß an, dachte: »Idole sprechen nicht«, und kehrte nach Rio zurück.

Coelho stammt aus einer Familie der oberen Mittelklasse. Sein Vater ist Ingenieur, seine Mutter eine praktizierende, tiefgläubige Katholikin. Sehr früh schon zeigte Paulo mehr Interesse für Borges, Henry Miller und das Theater als für die Schule. Seine Eltern schrieben ihn daher in der Jesuitenschule São Ignácio ein, die für ihre Strenge bekannt war. Paulo Coelho lernte dort zwar Disziplin, dafür verlor er seinen Glauben. Er schrieb sich, dem Wunsch seines Vaters nachgebend, der ihn gern als Anwalt gesehen hätte, in der Juristischen Fakultät ein, gab aber schon bald das Studium auf. Seine ausgeprägte Liebe zu den Künsten, die bei seinen Eltern auf Unverständnis stieß, führte dazu, daß Paulo auf ihre Veranlassung hin dreimal in eine psychiatrische Klinik eingewiesen wurde, aus der er jedesmal wieder ausriß.

1968, als die Guerilla- und die Hippiebewegung auch auf Südamerika überschwappte, begeisterte sich Paulo, der immer schon unangepaßt und für Neues zu haben war, für Marx, Engels und Che Guevara.

Er nahm an Versammlungen und Demonstrationen teil, wurde Mitglied progressiver Bewegungen und gehörte zur Love-and-Peace-Generation.

In dieser Zeit durchlebte Paulo Coelho eine spirituelle Krise, in der er seinen Atheismus in Frage stellte und sich auf die Suche nach neuen spirituellen Erfahrungen begab. Er nahm Drogen und Halluzinogene, verkehrte in Sekten, versuchte sich in der Magie und durchreiste ganz Lateinamerika auf den Spuren von Carlos Castaneda.

Dies alles konnte ihn jedoch nicht von seiner eigentlichen Leidenschaft, dem Schreiben, abbringen. Er debütierte als Journalist und gründete eine alternative Zeitschrift mit dem Titel ›2001‹. Die Zeitschrift erlebte zwar nur zwei Ausgaben, doch sie war für ihn deshalb entscheidend, weil er durch sie den Musikproduzenten Raúl Seixas kennenlernte, für den er in der Folge Hunderte von Liedtexten schrieb und damit erste Lorbeeren einheimste. Parallel dazu arbeitete er bei der Tageszeitung ›O Globo‹ in Rio de Janeiro mit und veröffentlichte 1974 sein erstes Buch über die Rolle des Theaters in der Erziehung.

In diese Zeit fiel auch Paulo Coelhos Erfahrung mit Schwarzer, von Aleister Crowley inspirierter Magie, eine Erfahrung, die ihn an den Rand des Abgrunds führte. Kaum hatte er diese Prüfung hinter sich, da wurde er unter der brasilianischen Diktatur von einer paramilitärischen Gruppe entführt und gefoltert.

Nachdem er auch dieser Hölle wie durch ein Wunder entkommen war, beschloß er, endgültig mit allen extremen Erfahrungen Schluß zu machen und ein normales Leben als Mitarbeiter mehrerer Plattenfirmen zu führen.

1976 reiste er als Korrespondent für verschiedene brasilianische Zeitungen nach England. Damals machte er sich daran, sein Leben aufzuschreiben. Ein Jahr arbeitete er daran, und dann vergaß er das Manuskript in einem Londoner Pub ... Das ist der Grund, warum seine Biographie noch aussteht.

Nach drei unglücklichen Ehen heiratete Paulo Coelho 1981 Christina Oiticica, eine Malerin, mit der er bis heute zusammenlebt und die seit rund zwanzig Jahren seine großen Erfolge und das Glück seines Lebens mit ihm teilt. Mit Christina unternahm er eine sechsmonatige Weltreise, die ihn nach Deutschland und vor allem in das Konzentrationslager Dachau führen sollte – *der* Wendepunkt in seinem Leben: Im Alter von vierunddreißig Jahren fand er in Dachau zum katholischen Glauben zurück, den er Jahre zuvor verloren hatte, und begab sich daraufhin, den Spuren der Pilger des Mittelalters folgend, auf den 700 Kilometer langen Pilgerweg nach Santiago de Compostela.

Die Erfahrungen und geradezu initiatorischen Abenteuer dieser Wanderung verarbeitete er in seinem ›Tagebuch

einer Pilgerreise‹ *Auf dem Jakobsweg,* seinem ersten litera-
rischen Text. Ein Jahr später, 1988, erschien *Der Alchimist,*
gefolgt von *Am Ufer des Rio Piedra saß ich und weinte*
(1994), *Der Fünfte Berg* (1996) und *Veronika beschließt zu
sterben* (1998), die Paulo Coelho zu einem der zehn meistverkauften Autoren der Welt machten, einem der beliebte-
sten und zweifellos auch einem der meistkritisierten. Doch
er läßt sich von der Kritik nicht anfechten, lächelt und fährt
fort, bei seinen Lesern die Freude am Geheimnisvollen und
Magischen zu wecken, die ihnen in der mechanisierten Welt
unserer Zeit abhanden gekommen ist, und hilft ihnen damit,
das Gefühl von Überdruß und Ausgeliefertsein zu überwinden.

Paulo Coelho sagt oft scherzhaft, daß er jetzt genug Geld
für drei Reinkarnationen hätte. Lieber gibt er jedoch jähr-
lich vierhunderttausend Dollar aus seinen Tantiemen an
eine Stiftung, die seinen Namen trägt und um die sich seine
Frau Christina kümmert. Der Stiftungszweck ist vielfältig:
Finanzierung einer Kinderkrippe in einer der ärmsten Favelas Rio de Janeiros, Unterstützung hilfloser alter Menschen.
Förderung von Übersetzungen brasilianischer Klassiker und
paläontologischer Forschungsprojekte: Coelho liebt seine
Heimat; er hält Brasilien für das magischste Land der Welt,
weil hier nicht zwischen Profanem und Heiligem unter-
schieden wird und sich keiner dafür schämt, daß er an Spiritualität und an Geister glaubt.

I

Die Zeichen

>*Das Zeichen ist ein Alphabet, das du
perfektionieren mußt, um mit der Seele
der Welt zu sprechen.*«

Paulo Coelho ist, was viele Literaturkritiker nicht begriffen
haben, mehr als nur ein Schriftsteller. Er ist eine vielschich-
tige, emblematische Figur unserer Zeit. Seine Bücher sind
mehr als nur reine Fiktion, deshalb entfachen sie heftige
Reaktionen und finden bedingungslose Anhänger. Aus diesem Grund ist seine Beziehung zu seinen Lesern nicht
die irgendeines Autors. Ich konnte das in Rio de Janeiro,
im Kulturzentrum der Banco do Brasil, selbst feststellen.
Coelho las dort aus seinem Buch *Der Fünfte Berg* und stellte sich anschließend den Fragen aus dem etwa tausendköp-
figen Publikum. Aus der Lesung wurde ohne sein Zutun
eine kollektive Psychotherapiesitzung. Obwohl die Fragen
schriftlich hätten vorgebracht werden sollen, standen die
Leute einer nach dem anderen von ihren Sitzen auf, um sich
direkt an ihn zu wenden, gestanden ihm öffentlich, wie
eines seiner Werke ihr Leben verändert hatte. Sie wollten
alles über ihn wissen. Sie umarmten ihn weinend, wenn sie
sich ein Buch von ihm signieren ließen. Die Signierstunde
erstreckte sich über mehrere Stunden.

Für Paulo Coelho steht sein Beruf als Schriftsteller heute im Mittelpunkt. Er hat sein ganzes Leben lang dafür gekämpft, und der Erfolg hat all seine Erwartungen übertroffen. Doch er ist ein Autor, der es liebt, ins Leben einzutauchen, es zu erforschen, das geheime Alphabet des Universums und die Zeichen zu entziffern, die uns die Dinge, die uns umgeben, als verschlüsselte Botschaften schicken.

Und ein solches Zeichen stand am Anfang unserer Begegnung in Rio de Janeiro. Das erste Treffen war sechs Monate zuvor auf zwei Uhr nachmittags vereinbart worden. Als ich in der Avenida Atlantica eintraf, war er noch nicht von seinem Morgenspaziergang zurückgekehrt, auf dem er seine tägliche Kokusnuß trinkt und mit den Leuten, die auf ihn zukommen, wenn sie ihn erkennen, ein Schwätzchen hält. Ich setzte mich daher in eine Bar, um auf ihn zu warten. Er kam eine halbe Stunde zu spät, hatte aber nur ein zerstreutes Lächeln für mich. Doch bevor ich das Tonbandgerät anstellen konnte, erzählte er mir, was ihm passiert war und daß er dies als eines dieser »Zeichen« ansehe, die uns zwingen, unser Leben zu überdenken. Die Begebenheit hatte ihn so nachhaltig beeindruckt, daß er sie sich in einer seiner sonntäglichen Kolumnen in der Zeitung ›O Globo‹ aus Rio de Janeiro von der Seele schrieb. Der Titel lautete schlicht: ›Ein Mann liegt auf der Straße‹:

Am 1. Juli um fünf nach drei lag ein etwa fünfzigjähriger Mann auf dem Bürgersteig am Strand von Copacabana. Ich war unterwegs zu einem kleinen Imbiß, wo ich immer ein Kokoswasser trinke, warf im Vorbeigehen einen Blick auf ihn und setzte meinen Weg fort. Wie viele

Einwohner Rios bin ich schon hundert (tausend?) Male an Männern, Frauen, Kindern vorbeigekommen, die auf dem Boden lagen. Als Vielreiser habe ich die gleiche Szene in unzähligen anderen Ländern gesehen – von der reichen Schweiz bis hin zum armen Rumänien – und zu allen Jahreszeiten: im eisigen Winter von Madrid ebenso wie in New York oder Paris, wo die Bettler im warmen Luftzug sitzen, der aus den Metroschächten strömt, unter der brennenden Sonne im Libanon. Menschen, die auf dem Boden liegen: Betrunkene, Obdachlose, Erschöpfte – uns allen ein hinlänglich vertrauter Anblick.

Ich trank mein Kokoswasser. Anschließend mußte ich wieder zurück, weil ich mit Juan Arias von der spanischen Zeitung ›El País‹ verabredet war. Als ich wieder vorbeikam, lag der Mann immer noch dort in der Sonne, und die Vorübergehenden taten das gleiche wie ich: Sie schauten kurz hin und gingen weiter.

Nun war aber, obwohl ich mir dessen nicht bewußt war, meine Seele müde geworden, diese gleiche Szene so häufig wiederzusehen. Als ich wieder an ihm vorbeikam, zwang mich etwas, was stärker war als ich, in die Knie zu gehen und zu versuchen, dem Mann aufzuhelfen.

Er reagierte nicht. Ich drehte seinen Kopf zur Seite und entdeckte Blut an seinen Schläfen. Was tun? Handelte es sich um eine gefährliche Verletzung? Ich wischte sein Gesicht mit meinem T-Shirt ab: Es schien nicht weiter schlimm zu sein.

Da begann der Mann etwas zu murmeln wie: »Bitte sie, daß sie mich nicht schlagen.« Nun, er lebte also, ich mußte ihn aufrichten und die Polizei rufen.

Ich hielt den erstbesten Passanten an und bat ihn, mir zu helfen, den Mann in den Schatten zwischen dem Bürgersteig und dem Strand zu ziehen. Er zögerte nicht und half mir bereitwillig. Wahrscheinlich war es auch seine Seele müde geworden, diese Art von Szenen zu sehen.

Sobald der Mann im Schatten lag, machte ich mich auf den Weg nach Hause; ganz in der Nähe liegt eine Polizeiwache, wo ich um Hilfe bitten wollte. Unterwegs begegnete ich jedoch zwei Polizisten. »Vor Nummer soundso liegt ein Verletzter«, sagte ich zu ihnen. »Ich habe ihn auf den Sand gelegt, man muß einen Krankenwagen rufen.« Die Polizisten antworteten mir, sie würden sich darum kümmern. Und ich, ich hatte meine Pflicht getan, die gute Tat des Tages! Das Problem lag nun in ihrer Hand, sie mußten jetzt die Verantwortung übernehmen. Ich dachte an den spanischen Journalisten, der zu Hause auf mich wartete.

Kaum war ich ein paar Schritte gegangen, trat ein Ausländer auf mich zu und erklärte mir in fast unverständlichem Portugiesisch: »Ich hatte die Polizisten auch schon darauf hingewiesen, aber die haben mir gesagt, daß es sie nichts angehe, sofern es sich nicht um einen Dieb handelte.«

Ich ließ den Mann nicht ausreden, sondern lief den Polizisten nach; ich war gewohnt, daß man mich erkannte und daß meine Bekanntheit öfter half, Dinge in Gang zu bringen und Probleme zu lösen. »Sind Sie eine Amtsperson?« fragte mich der eine, als er sah, daß ich ganz entschieden Hilfe einforderte. Sie hatten offensichtlich nicht die geringste Ahnung, wer ich war. »Nein«, sagte ich zu ihnen, »aber wir werden dieses Problem umgehend beheben.«

Ich war schlecht angezogen, mein T-Shirt voller Blutflecken, die abgeschnittenen Jeans waren durchgeschwitzt. Ich war ein x-beliebiger Mann ohne jegliche Macht oder Autorität außer der, daß ich genug davon hatte, seit Jahren Menschen auf dem Boden liegen zu sehen, ohne daß jemand sich um sie kümmerte.

Und das hat alles geändert. Es gibt einen Augenblick, in dem du dich jenseits der Angst befindest, in dem dein Blick anders ist oder in dem die Menschen begreifen, daß du es ernst meinst. Die Polizisten haben mich begleitet und einen Krankenwagen gerufen.

Dieser Spaziergang hat mich drei Dinge gelehrt:

a) Wir alle können etwas, was geschieht, anhalten, wenn wir noch rein sind;

b) es gibt immer jemanden, der dir sagt: Jetzt, da du angefangen hast, führ es auch zu Ende;

c) wir alle besitzen Autorität, wenn wir von dem, was wir tun, vollkommen überzeugt sind.

JUAN ARIAS *Das Thema der Zeichen, etwas wie jene Begebenheit, die du unmittelbar vor unserem Treffen erlebt hast, wie man sie erkennt und welche Bedeutung sie für unser Leben haben können, findet man in vielen deiner Bücher. Aber wann handelt es sich für dich um ein echtes Zeichen? Es wäre doch einfach, alles als Zeichen zu lesen.*

PAULO COELHO Du hast recht, wenn wir in allem Zeichen sehen, bekommen wir den Verfolgungswahn. Schau, in diesem Augenblick sehe ich auf der Tasche von Roseana, deiner Lebensgefährtin, eine gestickte Rose, und dort, in meinem Computer, habe ich als Bildschirmschoner eine heilige Therese von Lisieux und eine Rose. Ich könnte darin ein sehr konkretes Zeichen für eine innere Verbundenheit mit der heiligen Therese sehen. Doch das würde mich verrückt machen, weil ich dann auch beim Anblick einer Packung Zigaretten der Marke Galaxy glauben müßte, daß ich über Galaxien reden muß. Darum geht es nicht.

Was ist dann ein Zeichen?

Das Zeichen ist eine Sprache. Es ist ein Alphabet, das du perfektionierst, um mit der Weltenseele zu sprechen, oder mit der Seele des Universums oder mit Gott oder wie auch immer. Wie jedes andere Alphabet ist es individuell, und du lernst es nur, indem du dich irrst, was verhindert, daß du die spirituelle Suche globalisierst.

Was verstehst du unter »das Spirituelle globalisieren«?

Meiner Meinung nach werden die Menschen in den nächsten hundert Jahren vermehrt nach Spiritualität suchen. Ich habe beobachtet, daß heutzutage die Menschen diesem Thema gegenüber offener sind als im letzten Jahrhundert. Wir haben begriffen, daß die Behauptung, Religion sei Opium für das Volk, nicht aufrechtzuerhalten ist, zumal diejenigen, die dies sagten, vermutlich nie Opium probiert haben.

Aber wenn wir damit beginnen, das Religiöse zu erforschen, begeben wir uns wie auf ein unbekanntes Meer. Wir bekommen's mit der Angst zu tun und klammern uns an den erstbesten, der uns zu Hilfe kommt. Alle sind wir darauf angewiesen, mit den anderen in Kontakt zu treten, mit der Seele der anderen in Verbindung zu stehen. Und doch müssen wir manchmal auch allein gehen, wie zum Beispiel als Pilger auf dem Jakobsweg. Wenn du ihn beginnst, tappst du im dunkeln und weißt nicht, was du entdecken wirst, auch wenn du hoffst, dort Wege zu dir selbst oder dein Schicksal zu finden. Und diese Wege erkennst du durch ein sehr reiches Alphabet, das uns intuitiv erfassen läßt, was wir tun sollen und was nicht.

Glaubst du nicht, daß die Gefahr darin liegt, daß wir nur die Zeichen sehen, die uns genehm sind, oder uns vom wahren Weg abbringen? Wie kann man sicher sein, ein wahres Zeichen vor sich zu haben?

Zuerst glauben wir an gar nichts, oder an fast gar nichts; dann zweifeln wir, denken, wir hätten uns geirrt; darauf erscheint uns alles als ein Zeichen; und erst viel später, wenn dir ein Zeichen auf deinem Weg mehrfach begegnet, ohne daß du es gesucht hättest, begreifst du, daß du es mit einer Sprache zu tun hast, die jenseits der Realität liegt.

Könntest du ein persönliches Beispiel für etwas geben, was dir kürzlich passiert ist und was du als Zeichen interpretiert hast?

Ich sagte vorhin, ich hätte ein Bild der Therese von Lisieux als Bildschirmschoner. Das mag seltsam erscheinen, aber meine Verehrung für diese sehr jung verstorbene französische Heilige entstand aus eben einer solchen Verkettung von Zeichen. Ich hatte überhaupt nichts mit ihr zu tun. Dann habe ich ein Buch über sie gelesen, und mein erster Eindruck war alles andere als positiv: Sie kam mir wie eine hysterische Irre vor. Ganz allmählich jedoch hat sie in meinem Leben eine immer größere Bedeutung erlangt.

So habe ich im vergangenen Jahr nach meiner Rückkehr aus Deutschland an der Taufe eines Kindes teilgenommen, dessen Pate ich war. Der Priester hat während des Abendessens angefangen, mir etwas von der heiligen Therese zu erzählen und mir ein Buch von ihr gegeben. Ich wollte es im Hotel lassen, weil es bekanntlich lästig ist, mit vielen Büchern zu reisen, zumal mit solchen, die dich nicht interessieren. Doch ich stand vor einer langen Lesereise, und bevor ich mich von dem Priester verabschiedete, bat ich ihn um seinen Segen. Er führte mich in eine Ecke des Hotels und segnete mich. Dann kniete er nieder und sagte zu mir: »Und jetzt segne du mich.« – »Ich?« stammelte ich verwirrt, weil meiner Meinung nach die Priester uns Laien segneten und nicht umgekehrt. Doch er bestand darauf, und ich tat ihm den Gefallen.

So hat alles begonnen. Das Buch des Priesters über die heilige Therese warf ich ungelesen weg. Vor der Eröffnung des Salon du Livre trat ein Fremder auf mich zu und sprach mich an: »Ich habe eine Botschaft von der heiligen Therese für dich.« Nun war ich inzwischen an einem Punkt in meinem Leben angelangt, an dem ich alles glaubte. Wenn jemand zu mir sagt: »Komm, laß uns Pferde fliegen sehen«, dann gehe ich mit. Ich gebe den Menschen immer einen Vertrauensvorschuß, auch wenn ich umgekehrt Lügen nicht ausstehen kann. Aber ich habe in meinem Leben so viele Wunder gesehen, daß ich jenem Unbekannten glaubte, als er mir sagte, er bringe eine Botschaft von der heiligen Therese.

Aber da muß doch noch etwas gewesen sein, damit du es als Zeichen begriffen hast, daß diese Heilige eine wichtige Rolle in deinem Leben spielen sollte.

Selbstverständlich, weil ich von dem Augenblick an Dinge entdeckte, die ich mir nie hätte träumen lassen. Beispielsweise erfuhr ich von meinem Vater – demselben, der veranlaßte, daß ich als Jugendlicher in eine psychiatrische Anstalt eingewiesen wurde –, daß meine Mutter dieser Heiligen immer eine tiefe Verehrung entgegengebracht hat. Jetzt machen sie gerade einen Film über meine Auslandsreisen, eine französisch-kanadisch-amerikanische Koproduktion, und plötzlich sagte der Kameramann in Japan zu mir – wir hatten dieses Thema nie berührt –: »Ich mache gerade einen Film über die heilige Therese, weil es die Heilige ist, die ich besonders verehre; kannst du mir etwas über sie sagen? Ich weiß zwar, daß du nicht an die heilige Therese glaubst, aber...« – »Was heißt, ich glaube nicht an die heilige Therese?« fragte ich zurück. Das sind die Zeichen. Ich erzähle dir diese Geschichte, weil du am Anfang etwas zurückweist, bis die Zeichen sich offenbaren und dies in einer Sprache tun, die dir entspricht und keinen Zweifel mehr zuläßt.

Und wenn du dich nun irrst, wenn du einem falschen Zeichen folgst? Läufst du da nicht Gefahr, dein ganzes Leben zu zerstören?

Das ist eine kitzlige, aber auch wichtige Frage. Die Gefahr ist nicht, daß du dich irren könntest, indem du einem Zeichen folgst, das sich am Ende als falsch erweist. Für mich sind auf der spirituellen Suche die Gurus, die Meister, der Fundamentalismus die große Gefahr, das, was ich zuvor die »Globalisierung der Spiritualität« genannt habe. Jedesmal wenn dir jemand sagt: Gott ist dies, ist das, mein Gott ist stärker als deiner. Die einzige Möglichkeit, dem zu entgehen, ist, zu begreifen, daß die spirituelle Suche etwas ist, wofür man persönlich verantwortlich ist, was du niemand anderem vermitteln oder empfehlen kannst. Es ist besser, sich zu irren, indem man Zeichen folgt, an die man glaubt, als zuzulassen, daß andere über dein Schicksal entscheiden. Dies alles bedeutet keine Kritik an der Religion, die ein Aspekt des menschlichen Lebens ist, den ich für sehr wichtig halte.

Was bedeutet Religion für dich?

Ich sehe sie als eine kollektive Form der Anbetung. Ich sage ganz bewußt der Anbetung, nicht des Gehorchens. Das sind zwei vollkommen verschiedene Dinge. Egal, ob man Buddha, Allah oder Gott Jesu anbetet: Was zählt, ist, daß eine Gruppe gemeinsam mit dem Mysterium kommuniziert. Wir fühlen uns geeinter, dem Leben gegenüber offener, wir verstehen, daß wir nicht allein und isoliert auf der Welt sind. Das ist für mich Religion, nicht eine Sammlung von Regeln und Geboten, die einem von anderen auferlegt werden.

Dennoch akzeptierst du die Dogmen der katholischen Kirche, zu der du nach deiner atheistischen Periode konvertiert bist.

Ein Dogma kannst du nur akzeptieren, weil du es willst, und nicht, weil man es dir auferlegt. Als ich ein Kind war, plapperte ich einfach nach, was man mir vorsagte, nämlich daß Maria ohne die Erbsünde empfangen hat, daß Jesus Gott ist und Gott die Dreieinigkeit. Später habe ich viele Theologien kennengelernt, die konservative und die Befreiungstheologie. Jung zufolge sind die Dogmen dem ersten Anschein nach derart absurd, daß sie die klarste, magischste und genialste Manifestation des menschlichen Denkens darstellen, weil sie jenseits der Bewußtheit liegen.

Heute akzeptiere ich die Dogmen freiwillig, so absurd sie mir manchmal erscheinen. Nicht weil sie mir aufoktroyiert wurden, sondern weil ich mich bemühe, vor dem Mysterium demütig zu sein. Im Grunde haben alle Religionen ihre Dogmen, die wie Paradigmen des tiefsten und geheimsten Mysteriums sind. Ich finde das sehr schön, denn eine Sache ist deshalb nicht weniger wahr, weil ich sie mit meinem Verstand nicht verstehe. Das Mysterium existiert.

Das Problem ist, daß die Religionen versuchen, dir die Dogmen aufzuzwingen, indem sie dir mit dem Fegefeuer drohen.

Ich habe das in meiner Jugend erlebt. Das ist der Grund, weshalb ich die Religion aufgegeben habe und Atheist geworden bin. Man hat mich davon überzeugt, daß der Katholizismus das Schlimmste auf der Welt ist, eine weitere Sekte. Ich mußte einen langen Weg zurücklegen, bis ich zu ihm zurückkehren konnte. Ich will damit nicht sagen, daß der Katholizismus besser oder schlechter ist als andere Religionen, doch in ihm liegen meine kulturellen Wurzeln, ich habe ihn im Blut. Ich hätte mich auch dem Islam oder dem Buddhismus zuwenden oder Atheist werden können. Doch ich fühlte, daß ich etwas anderes in meinem Leben brauchte als den Atheismus, und im Katholizismus sah ich die Möglichkeit, mit dem Mysterium zu kommunizieren, zusammen mit anderen Menschen, die glauben wie ich. Und das hat nichts mit dem Priester zu tun, der die Messe zelebriert. Das Dogma liegt jenseits der Rituale. Die Suche nach dem Mysterium ist eine Suche in großer Freiheit.

Macht es dir keine Probleme, daß du weißt, daß diese Dogmen, die du als ein Mittel der Kommunikation mit dem Göttlichen akzeptierst, von einer Institution herrühren, die die Inquisition geschaffen hat und die alle bekämpfte, die ihre Dogmen nicht akzeptierten?

Doch, und auch von einer Kirche, die der Frau das Recht verweigert, ganz am ekklesiastischen Leben teilzuhaben.

Eine Institution, die so häufig die Macht mißbraucht?

In Lateinamerika haben wir darunter sehr gelitten, und ihr in Spanien doch auch, nicht wahr?

Und dennoch hast du damit keine Probleme...

Nein, weil ich einen Unterschied mache zwischen der Essenz der Religion und der Haltung der Gläubigen, die gut oder schlecht sein und sie mißbrauchen können. Und ich sehe hinter der Religion eine Gruppe von Menschen, die einen lebendigen Körper bilden, der sich mit all seinem Elend und seiner Sublimität in Bewegung befindet.

Wenn ich dich richtig verstehe, dann ist das, was du von der Religon behältst, das Mysterium und die Kommunion der Gläubigen?

Ja. Mich interessieren die Menschen, die an dieses Mysterium glauben, nicht derjenige, der es feiert und der womöglich seiner unwürdig ist. Im Gleichnis vom barmherzigen Samariter kritisiert Jesus das Verhalten des Leviten, der am Verwundeten vorbeigeht und nicht anhält. Dafür lobt er den Samariter, der sich um den Verwundeten kümmert. Damals waren die Leviten die Vertreter der Religion und die Samariter Atheisten oder Heiden.

Glaubst du, daß jede spirituelle Suche eine institutionelle Kirche braucht?

Nein! Wenn du einer Kirche beitrittst, mußt du sogar sehr aufpassen, daß man nicht versucht, dir deine Verantwortung abzunehmen. Ich glaube, daß die Religion an sich – und nicht, was man manchmal daraus macht – keineswegs im Gegensatz zu einer persönlichen spirituellen Suche steht. Wichtig ist, daß es einem gelingt, in sich eine große Leere entstehen zu lassen, sich alles Überflüssigen zu entledigen, sich auf das Wesentliche zu beschränken, stets auf dem Weg zu sein. Ich erinnere mich an meine Hippiezeit. Unsere Wohnungen waren voller Poster, Schallplatten, Bücher, Zeitschriften. Es gab keinen leeren Raum mehr. Heute habe ich mich von all dem befreit. Wie du siehst, ist meine Wohnung sehr groß, aber sie ist leer. Geblieben sind nur ein paar symbolische Gegenstände. Sogar meine Bücher habe ich versteckt, weil ich vor den andern nicht ausbreiten möchte, was ich lese oder nicht.

Die Bedeutung, die du der Leere beimißt, interessiert mich sehr. Es gibt dazu ein wunderschönes Gedicht von Lao Tse:

> Dreißig Speichen gehören zu einer Nabe,
> doch erst durch das Nichts in der Mitte
> kann man sie verwenden;
>
> man formt Ton zu einem Gefäß,
> doch nur durch das Nichts im Innern
> kann man es benutzen;
>
> man macht Fenster und Türen für das Haus
> doch erst durch das Nichts in den
> Öffnungen erhält das Haus seinen Sinn.

Somit entsteht der Gewinn
durch das, was da ist,
erst durch das, was nicht da ist.

Dieses Gedicht von Lao Tse ist sehr schön. Ich bemühe mich heute auch darum, mein Leben weitestgehend zu vereinfachen, mich auf das Wesentliche zu beschränken.

Buddha sagte: »Es ist für den Impotenten sehr einfach, Keuschheit zu geloben, und für den Armen, dem Reichtum zu entsagen.« Ich habe kein Keuschheitsgelübde abgelegt, aber ich entdecke ganz allmählich, daß das Leben sehr einfach ist und daß man nur wenige Dinge braucht, um glücklich zu leben. Wenn ich reise, nehme ich nur einen kleinen Koffer mit, um mich frei und leicht zu fühlen. Und ich habe bemerkt, daß dieser Notkoffer mir bei allen Reisen, ob kurz oder lang, immer gereicht hat. Man kann die Fülle nicht kennenlernen, wenn es einem nicht gelungen ist, sich zuvor selber leer zu machen, wie es die großen Mystiker der Weltreligionen so gut erklärt haben.

Du betonst immer wieder, daß der Mensch einem wie auch immer gearteten spirituellen Weg folgen soll, weil die materiellen Dinge, seien sie auch noch so interessant, nicht ausreichen, um ihn vollkommen glücklich zu machen. Aber veranlaßt nicht manchmal auch Angst die Menschen dazu, sich in die Spiritualität zu flüchten?

Nein. Warum? Von jeher waren Menschen Pilger auf der Suche nach dem Unbekannten, fühlten sich von dem Nicht-Offenbaren, Nicht-Berührbaren, Immateriellen angezogen. Sie haben auf tausendfache Art gesucht, auch indem sie sich irrten, entgegen jeder Vernunft.

*Eben weil der Bereich dessen, was der Mensch bereits ent-
deckt hat, immer größer wird, tendiert dieser dazu, immer
weiter nach dem Noch-Unbekannten zu suchen, nicht
wahr?*

Genau. Nur lassen wir uns manchmal von den Utopien
verführen. Die marxistische Utopie will alles ändern, indem
sie die Gesellschaftsstrukturen verändert und dem Kapi-
talismus abschwört. Bisher ohne bleibenden Erfolg. Die
freudianische Utopie macht die Heilung der Seele von der
Rückkehr in die Vergangenheit abhängig. Die dritte Utopie,
der Konservativismus, behauptet, daß die Dinge sich von
allein lösen, wenn man sie so beläßt, wie sie sind, bewegungslos und unverändert. Die großen Utopien des zwanzigsten
Jahrhunderts sind größtenteils gescheitert.

Was wäre die Alternative?

Das ist die große Suche, die Wanderung zu einem noch
unbekannten Punkt, ein stürmisches Meer, voller Gefahren,
Fallen, Gurus, Meister, die uns ihre Sicht der Welt oder der
Dinge aufzwingen wollen.

Du sagst, daß die Menschen sich aus Angst der spirituellen Suche zuwenden, aber sie bleiben auch aus Angst am
Ufer sitzen, ohne etwas zu versuchen. Die Menschheit befindet sich an einem Scheideweg: Auf der einen Seite liegt der
bereits bekannte Weg des Konservativismus, die kristalli-
sierten Dinge, die gesetzlichen Regeln und Verpflichtungen,
die Religionen als Verhaltenskodex. Auf der anderen Seite
der dunkle, unbekannte Wald, das Neue, die wahrhaft kreative Kultur, die Suche nach Fragen, die noch Antworten finden können, das Annehmen des Lebens als ein Abenteuer
des Geistes.

Einer deiner Kritiker behauptet, im 21. Jahrhundert brauche niemand mehr deine Bücher.

Für mich ändert die Jahrhundert- bzw. Jahrtausendwende gar nichts. Sie ist ein reines Gedankenkonstrukt. Meine Kritiker glauben vielleicht, daß etwas Besonderes geschehen wird, während ich überzeugt bin, daß gar nichts passiert. Die Probleme, die uns am 31. Dezember 1999 um Mitternacht belasten, belasten uns auch noch am ersten Tag des neuen Jahrtausends, das Universum besteht fort, und die Menschen hegen weiter dieselben Ängste, dieselben Hoffnungen, dieselben Wünsche, wie sie weiter nach etwas suchen werden, was ihren Durst nach Unvergänglichkeit stillt.

In diesem Augenblick fliegt ein Hubschrauber über den Copacabanastrand und zieht ein riesiges Werbeplakat hinter sich her, das verkündet, daß die neue Metrostation von Rio de Janeiro fünfzig Meter vor dem legendären Copacabanastrand fertig ist. Coelho wurde gebeten, dieses Plakat mit einem Satz zu unterstützen, was er ablehnte, weil er keine Reklame für Politiker macht.

Siehst du diese spirituelle Suche tatsächlich als ein großes Abenteuer?

Sie ist *das* große Abenteuer, das Aufregendste, was es gibt. Nehmen wir Granada in Spanien, eine wahrhaft magische Stadt. 1492 wurde Granada erobert, Boabdil, der letzte Maure, vertrieben. Konnte es danach ein nächstes Abenteuer geben? Die Meeresenge durchfahren und nach Afrika segeln schien naheliegend. Ein Mann, der der Auslieferung des letzten Mauren beiwohnte, sagte jedoch: »Wieso Afrika? Afrika kennen wir schon, ich brauche Geld, um nach Indien zu segeln. Warum Indien? Laßt uns aufbrechen!« Tatsächlich sprach die Logik für Afrika. Christoph Kolumbus, so hieß der Mann, wollte seine Reise nicht aufschieben und trat sie noch im Jahr der Wiedereroberung Granadas an. Am 12. Oktober 1492 erreichte er Amerika, und der Energiestrom Spaniens, der sich der Logik zufolge nach Afrika hätte richten sollen, wechselte die Richtung und wandte sich nach Amerika.

Und dank Christoph Columbus sind wir jetzt hier.

Möglicherweise. Wir können das nicht wissen, aber ganz bestimmt wäre die Geschichte Spaniens ohne ihn anders verlaufen. Tatsache ist, daß nicht ein politisches System oder eine militärische Logik alle Projekte der damaligen Herrscher verändert haben, sondern ein Mann, ein starrsinniger Abenteurer.

Ähnliches geschieht auch noch heute im großen wie im kleinen. Natürlich ist es heute kaum denkbar, daß ein einzelner Mann den Lauf der Welt ändert. Aber wenn alle Abenteurer, die immer noch an die Suche nach dem Unbekannten glauben und sich von der Energie ihres Geistes führen lassen, sich zusammentun, ohne sich der cartesianischen Logik zu unterwerfen, wird am Ende eine kritische Masse erzeugt, die die Dinge tatsächlich verändern kann. Es gibt heute mehr Abenteurer des Geistes, als man glaubt. Sie durchmessen unbekannte Meere und sind diejenigen, die den Wind der Geschichte unversehens drehen lassen. Darum ziehe ich der Logik die Philosophie des Paradoxons vor, weil sie häufig am Ende über alle Logik und alle Evidenzen siegt.

Kann man diese Abenteurer des Geistes in der Menge de-
rer erkennen, die mit ihrem täglichen Stück Brot zufrieden
sind?

Ja, denn in ihren Augen lodert die Flamme der Begeisterung. Ich habe ein Buch mit dem Titel *Handbuch des*
Kriegers des Lichts geschrieben. Ich spreche darin von den
einfachen Menschen, die immer noch an das Unbekannte
glauben. Sie sind Meister, ohne Meister zu sein. In Wahrheit
sind wir heute alle mehrfach am Tag Schüler und Meister.
Wie der Ausländer, der mir etwas über die Haltung der Polizei angesichts des verletzten Mannes am Copacabanastrand gesagt hat. Er war mein Meister, weil er mir erlaubt
hat, zu erkennen, daß ich etwas tun konnte, weil ich Brasilianer war. Wir sind alle Meister. Die Krieger des Lichts, die
neuen Abenteurer des Geistes, erkennen einander, weil sie
die Fehler, die Eitelkeiten, die Schuldgefühle aller Sterblichen besitzen. Doch sie haben zugleich etwas anderes –
einen leuchtenden Blick. Sie leben das Leben voller Begeisterung, ohne sich jedoch für anders oder privilegiert zu
halten.

Ein Mittel also gegen den Defätismus und die Einsam-
keit, die den heutigen Menschen erfüllen, der denkt, daß es
keinen Raum für neue Abenteuer außerhalb des Alltäg-
lichen gibt.

Ja, weil sie wissen, daß sie nicht allein sind. Ich glaube, der
Erfolg meiner Bücher, den sich viele nicht erklären können,
ist zum Teil darauf zurückzuführen, daß die Leser sich in
den Personen wiedererkennen, die auf der Suche nach spirituellen Abenteuern sind. Meine Bücher sind voll von diesen
Zeichen. Ich spreche sie nicht ausdrücklich an, außer in

einem Absatz im *Alchimisten,* doch alle verstehen genau, worum es geht.

Warum?

Weil wir alle uns innerhalb derselben Schwingung befinden. Der Schriftsteller ist nur ein Abenteurer unter vielen, kein Meister oder Lehrer. Was steht Neues in meinen Büchern? Nichts. Was teile ich mit meinen Lesern? Mein Leben, meine Erfahrung. Oder wie es ein japanischer Leser ausdrückt, der aus einer ganz anderen Kultur stammt als ich: »Irgendwie wußte ich das bereits, nicht bewußt natürlich, aber ich verstand, daß von mir die Rede ist.«

In meinem Roman *Veronika beschließt zu sterben* geht es um Verrücktheit und Selbstmord. Ich habe das Manuskript vervielfältigt und die Kopien zehn verschiedenen Leuten zu lesen gegeben. Wie groß war meine Überraschung, als ich herausfand, daß jeder der zehn unter seinen Verwandten einen Fall von Selbstmord oder Wahnsinn hatte. Ich bekam ein Fax aus England: »Ich habe Dein Buch erhalten. Es gefällt mir sehr. Ich glaube, der einzige Augenblick, in dem ich mich fern von Gott fühlte, war der, als ich versuchte, mir das Leben zu nehmen. Doch ich habe überlebt.« Das Fax war mit Amelia unterschrieben. Amelia ist eine Frau, die seit zwanzig Jahren mit mir zusammenarbeitet und bei der ich nie vermutet hätte, daß sie sich umbringen wollte.

Heißt das, daß der Schriftsteller ein Katalysator der Erfahrungen anderer ist?

Ein Katalysator, ja, kein Transformator. Die Funktion eines Katalysators schließt eine Einmischung in die Dinge aus, erlaubt aber ihre Offenbarung. Die Menschen offenbaren sich. Ein junger Mann studiert Jura, aber ihm wird klar, daß er lieber als Gärtner arbeiten würde. Ich habe Tausende von Briefen von Leuten bekommen, die gern ihre Arbeit wechseln würden und zum Beispiel lieber Gärtner wären. Einige sagen, in ihrer Familie herrsche die Meinung, es sei besser, Ingenieur zu sein, aber sie würden gern in einem Garten arbeiten, an der frischen Luft, in der freien Natur.

Das ist ja alles sehr hübsch. Aber ist dir niemals der Gedanke gekommen, daß jemand, weil er deiner Botschaft folgte, gescheitert ist?

Doch, ich selber.

Das meinst du doch nicht ernst.

Also, im Ernst: Ich schicke niemandem Botschaften. Ich beschränke mich darauf, in meinen Büchern zu erzählen, was mir im Leben passiert ist. Ich erzähle, was mir zugestoßen ist, aber ich sage nie: Mach's nach! Nein. Ich spreche von meiner Tragödie, von meinen Fehlern, davon, wie ich einen Ausweg gefunden habe, aber ich will damit nicht sagen, daß dies die Lösung für jedermann ist, denn jedes Leben ist anders und einzigartig. Tatsache ist, daß wir, wenn wir alle Menschen, die auf Erden leben, nebeneinander aufstellten, keine zwei finden, die einander gleich sind.

Ich glaube nicht an kollektive Botschaften, ich glaube an ein katalytisches und explosives Element. So versuche ich beispielsweise durch meine Erfahrung begreiflich zu machen, daß scheitern und besiegt werden nicht dasselbe ist. Diejenigen, die nicht einmal versucht haben, den Kampf aufzunehmen, scheitern, und die, die fähig waren zu kämpfen, werden besiegt. An dieser Niederlage ist nichts Schmachvolles. Sie kann im Gegenteil ein Sprungbrett zu neuen Siegen sein. Wie José Saramago in deinem langen Interviewband *Die unmögliche Liebe* sagt, gibt es weder endgültige Niederlagen noch endgültige Siege, weil die Niederlage von heute sich schon morgen als Sieg erweisen kann.

Du sagst von dir, du seiest gläubig. Wer ist für dich Gott?

Das ist eine Glaubensfrage. Nichts weiter. Ich denke, Gott kann man nicht definieren, sonst tappt man in eine Falle. Das habe ich auch bei einem Vortrag geantwortet, als mir dieselbe Frage gestellt wurde, nämlich: »Ich weiß es nicht. Gott ist für mich nicht dasselbe wie für dich.« Und das Publikum hat frenetisch Beifall geklatscht. Das spüren die Menschen, daß es keinen Gott für alle gibt, weil Gott etwas sehr Persönliches ist.

Leonardo Boff sagt häufig, Gott sei eine »große Leidenschaft«.

So gesehen, ist er für alle derselbe, denn wir sind alle fähig, eine große Leidenschaft zu fühlen und uns vorzustellen.

Was wäre für dich ein Atheist?

Für mich ist das keine Frage des Glaubens. Ich kenne Atheisten, die sich tausendmal besser verhalten als Leute, die sich selber als gläubig bezeichnen, weil der Gläubige manchmal der Versuchung erliegt, sich zum Richter seines Nächsten zu erheben, nur weil er an Gott glaubt. Ein Atheist ist jemand, der Gott nur durch seine Werke offenbart. Oder mit den Worten des Apostels Jakobus: Was uns als Kind Gottes erkennbar macht, sind unsere Werke, nicht unser Glaubensbekenntnis: »Zeige mir deine Werke, und ich werde dir deinen Glauben zeigen.«

Wir, die wir uns für Gläubige halten, müssen andererseits auch zugeben, daß unser Glaube immer wackelig und gefährdet ist. Heute glaube ich zum Beispiel, daß mein Glaube unerschütterlich ist, doch schon heute nacht mag diese Gewißheit zerronnen sein. Der Glaube ist nichts Gradliniges.

Der sizilianische Schriftsteller Leonardo Sciascia hat einmal gesagt, daß er manchmal am Straßenrand stehenblieb und glaubte und beim Überqueren des Zebrastreifens schon nicht mehr glaubte.

Genau. Der Unterschied ist, daß der Gläubige bis zu einem gewissen Grad davon überzeugt ist, daß es etwas Jenseitiges gibt, auch wenn ihm dieser Glaube häufig abhanden kommt.

Du hast im Laufe unseres Gespräches gesagt, daß du, wenn du mit dem Zentrum der Energie in Verbindung trittst, Lust empfindest. Was bedeutet Lust für dich?

Das ist nicht einfach. Ich habe über den Sadomasochismus gearbeitet und dabei gelernt, daß manchmal die Lust aus Schmerzen erwächst. Gewöhnlich benutze ich keine Metaphern, in diesem Fall aber schon: Für mich ist Lust der »gute Kampf«, das heißt etwas ganz anderes als Glück. Ich verbinde Lust nicht mit Glück. Unter Glück stelle ich mir etwas Langweiliges vor: etwa einen Sonntagnachmittag, an dem nichts passiert ist. Mein *Handbuch des Kriegers des Lichts* erzählt vom Ringen und vom Kampf, von der Begeisterung eines Gefechtes, um etwas zu erreichen, was dich mit Freude erfüllt. Manchmal verlierst du, manchmal gewinnst du, aber das ist unwesentlich, was zählt, ist zu kämpfen, um das zu erreichen, was du wünschst. Sagen wir, Lust ist in allem, was du mit Begeisterung tust; das mag mit Schmerz oder mit Leiden verbunden sein, doch das lustvolle Gefühl, für etwas zu kämpfen, was man liebt, bleibt davon unangetastet.

Dennoch sucht alle Welt nach einem Glück, das bar jeden Leids ist...

... und fällt auf die Nase. Das Glück ist eine Frage ohne Antwort wie »Wer bin ich?«. Das sind unnütze Fragen. Dennoch ist die Menschheit nicht grundlos diesem eitlen Glück Jahrtausende hinterhergejagt. Für mich ist das Glück etwas sehr Abstraktes. In Wahrheit bin ich niemals glücklich.

Selbst nicht, wenn ein neues Buch von dir in hoher Auflage erscheint?

Nein, auch dann nicht. Ich empfinde Freude. Ein Augenblick der Anspannung, der Herausforderung gibt mir ein Gefühl von Freude, denn sie ist die Frucht eines Kampfes, den ich unter Opfern geführt habe, aber Glück, nein. Glück, das hieße zu sagen: »Bravo, ich habe einen Bestseller veröffentlicht! Ich bin ein etablierter Schriftsteller. Jetzt kann ich glücklich schlafen.« Und das ist nicht wahr. Ich bin ein zufriedener Mensch, mit meinen Höhen und Tiefen, meinen gewonnenen und verlorenen Schlachten, jemand, der jedoch immer voller Freude ist, wie ein Torero. Ich liebe übrigens Stierkämpfe, obwohl ich weiß, daß das politisch nicht korrekt ist.

Wenn ein neues Buch erscheint, ist das so, als würde ich in die Arena treten: Obwohl ich weiß, daß es gefährlich ist, bin ich zufrieden, weil ich eine neue Herausforderung annehme. Ich habe gekämpft, um bis dorthin zu gelangen, ich habe den Kampf in dem Wissen aufgenommen, daß ich unterliegen oder daß man mich ans Kreuz schlagen könnte, aber ich freue mich, daß ich erreicht habe, was ich wollte: ein neues Buch in die Welt setzen.

Das Leben ist für mich wie ein Stierkampf, ständig muß ich mich meiner Verantwortung stellen, und nie weiß ich im voraus, ob ich es schaffen werde oder nicht. Das alles gibt mir Freude, aber kein Glücksgefühl.

Was ist dann für dich Unglück? Wann fühlst du dich unglücklich?

In Augenblicken der Feigheit, wenn ich den allzu bequemen Weg einschlage. Paradoxerweise fühle ich mich unglücklich, wenn ich die Bequemlichkeit des Glückes suche.

Du hältst dich für einen Mann der Extreme. Demnach wirst du vermutlich, da du die Freude des Kampfes vorziehst, auch der Harmonie des erreichten Friedens nicht viel abgewinnen können.

Genau. Ich habe im Leben niemals die Harmonie gesucht. Mir kommt es so vor, als würde das Leben in dem Augenblick enden, in dem du zu kämpfen aufhörst oder sagst: »Ich bin angekommen.« Das wäre das Glück, das ich nicht mag und das ich nicht suche. In meinem Leben habe ich mich zwei- oder dreimal so gefühlt, sagen wir glücklich, bewegungslos, am Ende eines Weges angelangt. Aber das hat nicht lange gedauert: Der liebe Gott hat mir jeweils sehr schnell einen Fußtritt versetzt und mich wieder in Bewegung gebracht.

Ich glaube, es gibt zwei Sorten von Menschen: jene, die den geistigen Frieden suchen, und die Krieger des Lichts, die, wie der heilige Paulus sagte, lieber immer weiterkämpfen, als sich im erreichten Glück einzurichten. Das sind

Menschen, die die ständige Herausforderung lieben, den Kampf, die nicht endende Suche. Der Krieger des Lichts ist wie der Torero, der sich sein Leben nicht anders vorstellen kann, als soviel Zeit wie möglich in der Arena zu verbringen. Das Leben eines Schriftstellers ist auch eine ständige Herausforderung: immer kampfbereit sein, den Lobeshymnen ebenso ausgesetzt wie den Buhrufen.

Wenn du jungen Menschen erklären solltest, wer Paulo Coelho ist, wie würdest du ihn beschreiben?

Als einen Pilger, der einen Weg zurücklegt, der kein Ende hat. Als einen Pilger, der weiß, daß es einen Schatz gibt, also einen, der, von Zeichen geleitet, wie der Schäfer im *Alchimisten* zu diesem Schatz blickt. Für ihn ist es wichtig, zum Schatz zu gelangen, doch als er ankommt, stellt er fest, daß er nicht mehr derselbe ist, er hat sich verändert, er ist anders. Der Weg und die Suche haben ihn geformt und verändert. Ich suche immer weiter.

2

Psychiatrische Anstalt,
Gefängnis und Folter

>*Das Entsetzliche, das ich in der Anstalt herausgefunden habe, ist, daß ich mich für die Verrücktheit hätte entscheiden und ruhig, ohne zu arbeiten, weiterleben können.*«

>*Das Gefängnis war die Erfahrung von Haß, Grausamkeit und vollkommener Ohnmacht. Dies war tausendmal schlimmer als die Anstalt.*«

Paulo Coelhos Kindheit und Jugend waren nicht leicht, aber reich an unterschiedlichsten, teilweise extremen und grausamen Erfahrungen, wie beispielsweise die Zwangseinweisungen in eine psychiatrische Anstalt und später die Zeit im Gefängnis, wo er während der Diktatur in Brasilien von Angehörigen einer paramilitärischen Gruppe gefoltert wurde.

Er war ein junger Rebell, den es nach Erfahrungen dürstete, ein echtes Kind der 68er-Generation, dieser Periode der Öffnung und der Verrücktheiten, und er ließ sich nicht von familiären und gesellschaftlichen Konventionen beherrschen. Er war unangepaßt, aber immer bereit, seine Fehler zuzugeben, wenn er sich geirrt hatte; und seine Exzesse zurückzuschrauben, wenn sie zu weit gingen. Er hat, wie er hier gesteht, seine Eltern nie gehaßt oder ihnen gegrollt, obwohl sie ihn, als er fast noch ein Kind war, dreimal (wie sie meinten) zu seinem Besten in eine psychiatrische Anstalt einweisen ließen.

Wie sah deine Kindheit aus? Hast du Geschwister?

Ich habe eine Schwester, die Chemieingenieurin ist. Ich war der Ältere und der Aufsässigere. Ich habe schnell begriffen: Was immer du tust, du bleibst das älteste Kind und bist chronisch schuld an allem, was um dich herum geschieht, du bist immer das Opfer. Anfangs hat mich das sehr geärgert, weil ich manchmal an Dingen wirklich keine Schuld hatte.

Bis zu dem Tage, an dem ich mir sagte: »Gut, wenn das nun einmal so ist, daß man mir alle Untaten der anderen in die Schuhe schiebt, dann tue ich eben, wozu ich Lust habe.« Das war eine Form, mich gegen die Ungerechtigkeit aufzulehnen.

Welches sind deine ersten Kindheitserinnerungen?

Merkwürdigerweise habe ich recht deutliche Erinnerungen. Wir lebten in Botafogo, einem bürgerlichen Viertel von Rio de Janeiro, in dem ich mein ganzes Leben lang gewohnt habe. Was ich dir nun erzählen werde, wirst du wahrscheinlich nicht glauben, ich konnte es mir selber nicht erklären. Ich habe sogar Ärzte gefragt, ob das möglich sei und ob das auch anderen Kindern so geht. Stell dir vor, ich kann mich deutlich daran erinnern, wie ich gleich nach meiner Geburt meine Großmutter erkannt habe, die dort anwesend war.

Ich erinnere mich, wie ich meine Augen öffnete und mir sagte: »Das ist meine Großmutter.« Ich war gerade erst geboren.

Welche Erinnerungen hast du an deine Eltern?

Mein Vater war Ingenieur, er stammte aus einer sehr traditionsbewußten Familie; meine Mutter hatte Museologie an der Universität studiert. Mein Vater lebt noch; er ist sehr dominant und hat meine Mutter sehr beeinflußt.

Seid ihr in die Kirche gegangen? Wart ihr praktizierende Katholiken?

Meine Eltern zwangen mich jeden Sonntag, in die Kirche zu gehen, aber in den letzten Jahren der Oberschule bei den Jesuiten mußten wir auch jeden Freitag hin. Ich wurde sehr streng erzogen. Ich weiß nicht, wie die Jesuiten heute sind, aber damals waren sie sehr konservativ und streng. Meine Mutter geriet sehr früh in eine religiöse Krise. Sie hat Kontakt zu einer weniger traditionellen Theologie aufgenommen, die zwar noch nicht die Befreiungstheologie war, meiner Mutter jedoch die Augen geöffnet hat. Damals begann sie, ihren Glauben zu hinterfragen. Sie hat weniger angepaßte Priester und Archäologen getroffen und so ganz allmählich Religion aus einem weniger engen Blickwinkel betrachtet. Damals war ich meiner Familie nicht sehr nah.

Mittlerweile sind die Jesuiten sehr viel progressiver, vor allem in der Dritten Welt.

Damals sahen sie sich als eine Armee Christi. Sie haben mir Disziplin beigebracht, aber sie weckten gleichzeitig in mir einen Horror vor der Religion, von der ich mich schließlich entfernt habe. Darum verließ ich auch schnellstens die Jesuitenschule, in die mich meine Eltern wegen schlechter Schulleistungen gesteckt hatten, und schloß mich den fortschrittlichsten – und möglichst auch noch areligiösen – Studentenbewegungen an. Und ich fing an, mich mit den Schriften von Marx, Engels, Hegel und so weiter zu beschäftigen.

Um noch einmal auf den Katholizismus zurückzukommen…

Als ich mich wieder für eine spirituelle Suche zu interessieren begann, war ich davon überzeugt, daß ich mich dem Katholizismus zuallerletzt zuwenden würde, da ich einen Horror vor ihm hatte. Ich war felsenfest überzeugt, daß dies nicht der Weg, daß der Gott der Katholiken ein Gott der Rechten sei, der keine feminine Seite hatte, ein gestrenger Gott, unbarmherzig, mitleidlos, ohne Geheimnis. Also habe ich andere – vor allem östliche – Religionen und Sekten ausprobiert: Hare-Krishna, Buddhismus, Yoga-Philosophie, alles. Erst nach meiner Pilgerreise nach Santiago de Compostela bin ich wieder regelmäßig in die Messe gegangen.

Warst du ein unruhiger Geist?

Absolut. Und nach diesen unterschiedlichen Versuchen bin ich im Anschluß an eine grauenvolle Erfahrung mit Schwarzer Magie, von der ich dir noch erzählen werde, zum Atheismus zurückgekehrt.

Hast du studiert?

Ja, Jura, aber nur weil ich mußte, und ich habe auch nicht abgeschlossen. Bis zum Ende meiner Oberschulzeit blieb meine rebellische Kraft unter Kontrolle, von meinen Eltern, von der Gesellschaft, von meinem Umfeld unterdrückt. Aber an dem Tag, an dem ich explodiert bin, bin ich total explodiert. Das war, als ich auf die Universität kam. Vorher gab es Augenblicke, in denen ich mit meiner Schule nicht recht weiterkam, ich habe drei Jahre herumgebummelt, bis ich meinen Abschluß gemacht habe; das nahm einfach kein Ende, ich kriegte einfach nicht den Dreh. Schließlich hat meine Familie dafür bezahlt, daß ich mein Examen bekam, und ich habe es bekommen. So war das.

Als du explodiert bist, wie hat da deine Familie reagiert?

Beim ersten Mal haben sie veranlaßt, daß man mich wie einen Verrückten in eine psychiatrische Anstalt einwies.

Wie konnten sie einen gesunden Menschen einweisen lassen?

Damals war das möglich. Jedenfalls haben meine Eltern es geschafft. Und sogar dreimal, denn ich bin immer wieder abgehauen. Da es diese Anstalt noch heute gibt, wollte ich im nachhinein wissen, welches die Gründe waren, die sie vorgeschoben hatten, um mich mit den Verrückten einzuschließen. Zu meiner Überraschung waren die Gründe banal. Im ärztlichen Attest steht, ich sei aufbrausend, ich würde mich politisch gegen die Leute auflehnen, meine Leistungen in der Schule würden immer schlechter, meine Mutter glaube, ich hätte sexuelle Probleme, ich sei für mein Alter nicht reif genug, ich würde, wenn ich etwas wollte, dies mit allen Mitteln zu erreichen versuchen, was zu immer radikaleren, extremeren Haltungen führen würde. Das alles brachte sie dazu, mich einweisen zu lassen.

Wie hast du dich gefühlt?

Ich war siebzehn, und alles, was ich wollte, war schreiben; ich hatte angefangen, als Reporter für eine Zeitung zu arbeiten, und hatte gerade das Gesamtwerk von Oscar Wilde gelesen. Im Grunde war ich ein Idealist und dachte mir, daß jemand, der Schriftsteller werden wollte, alle nur erdenklichen Erfahrungen machen müsse, auch die einer psychiatrischen Anstalt. War das nicht das Schicksal so vieler Künstler gewesen, das von van Gogh und vielen anderen? Ich sah darin einen Teil meiner eigenen Geschichte, meiner Sehnsucht nach Abenteuer. In der Anstalt schrieb ich Gedichte, dennoch bin ich schließlich aus der Anstalt geflohen, da ich wußte, ich war nicht verrückt; ich wollte alles, was mir Spaß machte, ganz und gar ausleben. Heute glauben einige, daß mich meine Eltern dort wegen Drogen eingeliefert haben. Das ist nicht wahr. Meine Erfahrungen mit Betäubungsmitteln habe ich erst später gemacht, als ich etwa zwanzig war.

Welche Lehre ziehst du aus dieser Grenzsituation, dich inmitten von Verrückten zu befinden, ohne selbst einer zu sein?

Ich werde ganz ehrlich sein. Ich glaube, die große Gefahr der Verrücktheit ist nicht die Verrücktheit, sondern das Sich-ans-Verrücktsein-Gewöhnen. In der Psychiatrie habe ich herausgefunden, daß ich mich für die Verrücktheit hätte entscheiden und ruhig, ohne zu arbeiten, weiterleben können.

Das war eine starke Versuchung, die auch in meinem letzten Buch *Veronika beschließt zu sterben* beschrieben wird, in dem ein Teil meiner Erfahrungen, obwohl sie zu einem Roman verarbeitet wurden, durchscheint.

Die Erfahrung in der psychiatrischen Anstalt hat mich am dritten Tag bei den Verrückten bereits sagen lassen: »Nun, ich fange an, mich daran zu gewöhnen, so schlecht ist es auch wieder nicht; es ist sogar bequem, und man ist vor den Problemen, die man draußen hat, geschützt.« Das war wie ein mütterlicher Uterus, der dir Ruhe gab.

Welche Beziehungen hattest du zu den anderen Insassen?

Zu den Verrückten? Sie kamen mir alle normal vor. Sie gerieten manchmal in Rage, aber das geschieht dir und mir im normalen Leben auch. Es gab natürlich auch jene Schizophrenen, die den Kontakt zur Realität verloren hatten, aber nur drei oder vier. Mit den anderen unterhielt ich mich, diskutierte über Philosophie, über Bücher, über alles. Wir hatten Fernsehen, wir konnten Musik hören und hatten viel Spaß.

Und die Elektroschocks?

Das war nicht angenehm, aber man hat nie besonders viel gespürt. Als mir während der Folterungen, die ich Jahre später erlitten habe, als ich entführt worden war, Elektroschocks in die Genitalien gegeben wurden, war das entsetzlich, grauenhaft. Das war wirklich schmerzhaft, erniedrigend und peinlich. Grauenhaft.

Als du das erste Mal in der Anstalt warst, wurde dein Entlassungspapier wegen guten Verhaltens ausgestellt. Aber beim zweiten Mal bist du den Akten der Ärzte zufolge geflohen. Wie hast du das geschafft?

Ich war im neunten Stock vollkommen weggeschlossen; ich konnte nicht hinaus, denn man hielt mich für einen gefährlichen Verrückten; man gab mir viele Medikamente und verabreichte mir Elektroschocks. Ich habe beinahe zwei Monate, ohne die Sonne zu sehen, in diesem Stockwerk verbracht; da wurde man wirklich verrückt. Es gab dort einen Aufzug, doch ein Fahrstuhlführer fuhr mich immer hinauf und hinunter. Eines Tages bin ich in den Aufzug eingestiegen und unten ausgestiegen und stand, kaum zu glauben, frei vor der Tür. Das war wie eine Geschichte von Kafka.

Das ist alles sehr symbolisch, du warst gefangen, aber in Wirklichkeit warst du es nicht.

Das ist ungeheuer symbolisch. In einer Erzählung von Kafka gibt es eine Person, die vor das Tor eines Schlosses gelangt und bittet: »Darf ich herein?« Der Wächter antwortet nicht. Am Ende seines Lebens tritt er wieder vor den Wächter und sagt zu ihm: »Warum habt Ihr mich nicht eintreten lassen?«, und der Wächter, der inzwischen auch alt geworden ist, antwortet ihm: »Aber ich habe nie nein zu Euch gesagt. Ihr habt mich nicht gefragt, und ich konnte daher nichts sagen, warum seid Ihr nicht eingetreten?« Mir ist das gleiche in der Anstalt passiert: Ich bin mit dem Fahrstuhl hinuntergefahren, einfach so, wie ich war, im Schlafanzug, und ich bin nicht wiedergekommen, nicht einmal um meine Sachen abzuholen; ich hatte kein Geld, nichts. Ich bin zu Fuß zu einem Freund gegangen, der hat mir eine Gitarre und etwas Geld gegeben, und da habe ich mich gefragt: »Was mache ich nun?«, und habe angefangen zu reisen und zu arbeiten.

Hast du deine Familie nicht angerufen?

Ich habe erst nach zwei Monaten Kontakt zu meiner Familie aufgenommen, als es mir sehr schlecht ging, weil ich nichts mehr zu essen hatte. Sie haben mir natürlich gesagt, ich sollte so schnell wie möglich zurückkommen, es gebe keine Probleme, sie würden mich nicht wieder einweisen. Sie haben mir Geld geschickt, weil ich weit weg war, und ich bin schließlich wieder nach Hause gekommen. So verging ein weiteres Jahr, und dann sagten sie wieder: »Paulo ist verrückt, jetzt will er zum Theater«, weil meine neue Leidenschaft neben der Schriftstellerei das Theater war. Und sie haben mich zum dritten Mal eingewiesen. Und wieder bin ich geflohen. Doch dieses Mal hatten sie den Mann vom Fahrstuhl gewarnt, damit er auf mich aufpaßte und mich nicht weglaufen ließ. Das zweite Mal habe ich einen Zahnarztbesuch für meine Flucht genutzt. Der Arzt, der sich mit mir beschäftigte, war zu dem brillanten Ergebnis gekommen, daß ein Zahn, der herauskommen wollte, mich die Beherrschung verlieren ließ, weil er mir weh tat. Ihm zufolge erkannte ich nicht, daß der Schmerz von diesem Zahn herrührte, und das mache mich allen gegenüber sehr aggressiv. Auf dem Rückweg vom Zahnarzt bin ich geflohen.

Ich machte mich wieder auf die Reise, und auch diesmal bin ich zu meiner Familie zurückgekehrt, weil mir das Geld ausging, und als ich dort ankam, habe ich gesagt: »Jetzt bin ich wirklich verrückt.« Ich war damals überzeugt davon, nicht ganz bei Sinnen zu sein, und wollte nicht wieder fliehen. Zwei Wochen war ich sehr apathisch, unfähig zu reagieren.

Das wird für deine Familie auch nicht sehr einfach gewesen sein.

Ehrlich gesagt, dachte ich damals nicht an sie. Ich dachte an mich. Das habe ich erst viel später begriffen. Doch es war etwas Paradoxes geschehen, was mein Leben grundlegend verändern sollte. Eines Tages, ich war in meinem Zimmer, darin befanden sich mein Tisch, mein Bett, meine Kleider, alle Gegenstände, die ich gern hatte, und ich sagte mir: »Ich kann so nicht weiterleben.« Ich hatte meine Arbeit bei der

Zeitung verloren, ich hatte meine Freunde verloren und mußte auch das Theater aufgeben. Da dachte ich, daß meine Eltern womöglich recht hatten, daß ich tatsächlich verrückt war. Und zum ersten Mal habe ich wirklich verrückt gespielt: Ich habe meine Zimmertür abgeschlossen und angefangen, alles zu zerstören, meine Bücher, die ich so sehr liebte, meine Sherlock-Holmes- und Henry-Miller-Sammlungen, meine Schallplatten, alle Erinnerungen an meine Vergangenheit. Ich habe alles kurz und klein geschlagen. Meine Eltern hörten, daß ich alles zerstörte, daß ich nicht damit aufhörte, da haben sie den Arzt in der Anstalt angerufen, der mich behandelt hatte, doch der war nicht da. Sie haben einen anderen Arzt angerufen, an den ich mich sehr gut erinnern kann, denn es war ein Mann ohne Nase, eine merkwürdige Figur, der Psychiater Fajardo. Er kam, machte die Tür auf und sah das ganze Ausmaß der Zerstörung. Ich dachte, er würde mich wieder in die Anstalt zurückschicken. Doch zu meiner großen Überraschung hörte ich, wie er ganz ruhig lächelnd fragte: »Was ist denn hier passiert?« – »Sehen Sie denn nicht, daß ich alles zerstört habe?« sagte ich zu ihm. Ohne die Fassung zu verlieren, entgegnete er: »Großartig! Jetzt, wo du alles kurz und klein geschlagen hast, kannst du ein neues Leben beginnen. Du hast genau das getan, was zu tun war, eine negative Vergangenheit zerstört, um ein neues, positives Leben zu beginnen.« – »Aber was sagen Sie denn da?« antwortete ich ihm darauf und konnte mich gar nicht fassen vor Überraschung darüber, daß ein Psychiater mir gesagt hatte, ich habe gut daran getan, mein ganzes Zimmer und die Sachen zu verwüsten, die ich am liebsten hatte. Er hat darauf noch einmal gesagt:

»Du hast das einzig Richtige getan. Dem Alptraum der Vergangenheit ein Ende zu bereiten. Jetzt fängt dein Leben neu an.«

Und wie haben deine Eltern reagiert?

Sie waren sehr verständnisvoll und einverstanden mit dem, was der seltsame Psychiater gesagt hatte. Sie sagten zu mir: »Jetzt wird es dir bessergehen, du wirst neu anfangen, es ist vorbei. Wir werden alles, was du zerstört hast, wegschaffen und in den Ascheimer werfen.« Dieser Mann hat mich gerettet, weil ich wirklich am Rand der Verrücktheit stand, und das Schlimmste war, ich hatte es resigniert hingenommen.

Hast du weiter Kontakt mit diesem Psychiater gehabt?

An jenem Tag hat er sich mit den Worten verabschiedet: »Von nun an werde ich dich behandeln.« Ich war fünfzehn- oder zwanzigmal bei ihm, und dann hat er mir erklärt: »Jetzt mußt du allein weitergehen. Du bist praktisch geheilt. Du bist ein bißchen verrückt, aber das sind wir alle.« Von diesem Augenblick an ist all meine rebellische Kraft explodiert. Ich habe mir gesagt: Wenn es egal ist, daß ich ein bißchen verrückt bin, und da wir uns alle unserem kleinen Stück Verrücktheit stellen müssen, muß ich jetzt das Leben bis auf den Grund auskosten, alle Erfahrungen machen, die mir gefallen, mir nichts versagen.

Hast du deinen Eltern gegenüber Haß oder Groll empfunden, weil sie dich einweisen ließen, obwohl du nicht verrückt warst?

Nein, niemals. Sie waren davon überzeugt, daß ich sie haßte, aber das stimmte nicht. Sie haben mich aus Liebe dorthin geschickt, aus einer verblendeten, verzweifelten, beherrschenden Liebe heraus, letztlich aber doch, weil sie mich liebten. Sie haben mich nicht in die Anstalt geschickt, weil sie mich haßten, sondern weil sie mir helfen wollten, mein Leben aufzubauen. Dahinter stand eine verzweifelte, verrückte Haltung, unter der sie mehr gelitten haben als ich. Gleichzeitig hat es mich dazu gebracht, meinen guten Kampf zu führen, mich mir selber zu stellen.

Wann hast du die wahren Gründe dafür herausbekommen, daß deine Eltern dich in die Anstalt geschickt haben, und wie hast du darauf reagiert?

Der einzige Augenblick, in dem ich tatsächlich Haß und Wut gefühlt habe, war der, in dem ich vor ein paar Wochen das Anstaltsdokument über die Gründe meiner Einweisung lesen konnte. Das hat mich wütend gemacht. Das war dermaßen absurd, daß ich es nicht glauben konnte. Doch für das zerbrochene Porzellan hat mein englischer Verleger zahlen müssen, über den ich meine ganze Wut ausgegossen habe, während der Arme überhaupt nicht wußte, was los war. Ich sagte zu ihm: »Dieses Scheißhotel ist unerträglich!« Und ich griff zum Telefon, um mich wegen einer Fernsehsendung zu beklagen, die mir nicht gefallen hat und an der man mich hatte teilnehmen lassen, als ich in Dublin in Irland auf einer Signierreise war. Die Person am anderen Ende der Leitung fragte mich: »Aber was ist denn mit dir los?« Wir sind dann in einen vor dem Hotel gelegenen Park gegangen, und ich habe mich wieder beruhigt. Das ist der einzige Wutanfall wegen dieser Anstaltsgeschichte. Tatsächlich trage ich meinen Eltern nichts nach. Ich hatte mir gelobt, zu ihren Lebzeiten von dieser schmerzlichen Erfahrung nicht zu sprechen, und wenn ich es jetzt doch tue, dann nur, weil meine Mutter nicht mehr lebt und mein Vater sehr alt ist. Er ist allerdings geistig sehr klar und hat auch die Veröffentlichung meines letzten Romans, *Veronika beschließt zu sterben,* verfolgt. Ich glaube, es ist ihm ein Trost, über diese Geschichte zu sprechen. Und er war noch zufriedener, als er aus vielen Briefen, die ich erhalten habe, ersehen konnte, daß er nicht der einzige gewesen war, der so gehandelt hatte, weil genau das gleiche auch in vielen anderen Familien geschehen war.

Haben deine Eltern je versucht, sich dir gegenüber zu rechtfertigen?

Nein, aber sie haben sich entschuldigt. Sie haben zu mir gesagt: »Verzeih uns, das war der große Fehler unseres Lebens«, ohne mir je zu erklären, warum sie es getan hatten. Doch das sind die Dinge, die uns geprägt haben, denn, wie Ortega y Gasset sagte: »Ich bin ich und meine Umstände.« Wir haben alle gelitten, da gibt es keinen Zweifel.

Und damals hat dann deine Hippieperiode begonnen?

Ja. Die Hippiebewegung war meine neue Familie, mein neuer Stamm. Ich habe versucht, an die Universität zu kommen, doch das war nicht mehr mein Ding. Also habe ich mich in die Drogen und den Sex gestürzt. Ich habe zeitweilig sogar gedacht, ich sei womöglich homosexuell, weil meine Mutter glaubte, ich hätte sexuelle Probleme. Ich habe gedacht, um die Zweifel loszuwerden, müsse ich es ausprobieren, und das habe ich dann auch getan. Das erste Mal hat es mir nicht gefallen, vielleicht war ich zu nervös. Ein Jahr später habe ich es noch einmal versucht, weil mir noch Zweifel geblieben waren. Dieses Mal war ich nicht nervös, aber ich mochte es trotzdem nicht. Da habe ich mir gesagt:

»Das dritte ist das entscheidende Mal. Wenn es mich dann immer noch nicht anzieht, dann, weil ich nicht homosexuell bin.« Und tatsächlich zog es mich nicht an. Ich war damals dreiundzwanzig Jahre alt. Weil ich damals beim Theater war und es in diesem Milieu viele Homosexuelle gab, dachte ich, ich wäre vielleicht einer, ohne es zu wissen. So habe ich letztlich jeden Zweifel ausgeräumt.

Du hast dann, nachdem du dich von dieser Obsession befreit hattest, begonnen, wieder zu arbeiten und zu reisen. Damals warst du jung. Welche Erinnerungen hast du daran?

Ich fing an, Workshops für angehende Schauspielschüler zu geben. Ich habe auch Kindertheater gemacht. So verdiente ich mir meinen Lebensunterhalt für das ganze Jahr. Es waren Jobs für drei Monate, die mir neun Monate freie Zeit zum Reisen gaben, was damals nicht sehr teuer war. Ich kann mich daran erinnern, daß ich quer durch die Vereinigten Staaten gereist bin, ohne Englisch zu sprechen, und daß ich mit nur zweihundert Dollar in Mexiko war; in den Vereinigten Staaten kauftest du dir für neunzig Dollar eine Karte für die Greyhound-Busse, und damit konntest du sechs Wochen herumreisen. Da ich mir keine Unterkunft zum Schlafen leisten konnte, schlief ich acht Stunden im Bus und kam dann an einem Ort an, der mir vollkommen unbekannt war, doch das war mir egal. So reiste ich nachts und habe viele Orte kennengelernt.

Wir waren immer in einer Gruppe unterwegs. Zwischen den Hippies gab es damals große Solidarität. Und ich war von da ab ganz von der Hippiekultur durchdrungen.

Und was war aus deiner Leidenschaft fürs Schreiben geworden?

Zu jener Zeit kam ich nicht zum Schreiben. Doch bei meiner Rückkehr entdeckte ich die alternative, die Untergrundpresse, ein Phänomen, das sich mit dem Beginn der Diktatur entwickelt hatte. Es war keine linke Presse, eher eine Presse, die sich an jene wandte, die nach einer Alternative suchten, nach etwas, was nicht zum Establishment gehörte, wie die Beatles, die Rolling Stones, Peter Fonda mit der amerikanischen Fahne und *Easy Rider.* Es war die klassische amerikanische Popkultur.

Damals hatte ich eine Freundin – Frauen haben immer eine wichtige Rolle in meinem Leben gespielt –, die eine Wohnung hatte. Doch Geld hatten wir nicht. Eines Tages haben wir uns auf Arbeitssuche gemacht. Wir haben einen Betrieb gefunden, der eine Rotationsmaschine hatte. Ich gründete eine Zeitschrift, von der nur zwei Nummern herauskamen. Sie sollte allerdings für meine zukünftige Arbeit entscheidend sein. Dank der einen Nummer habe ich einen Schallplattenproduzenten der CBS, Raúl Seixas, kennengelernt, der so alt war wie ich und bald ein großer Sänger wurde.

Du bist übrigens immer noch bei vielen als der Autor der berühmten Lieder von Seixas bekannt.

Er hat sich mit mir in Verbindung gesetzt und mich gefragt, ob ich ihm nicht Texte für seine Musik schreiben könnte. Aber Raúl gehörte zum System, er war Produzent, und wir hatten große Vorurteile gegen alles, was aus dem System kam. Unsere Philosophie war: Opposition gegen alles, was zum Establishment gehörte, gegen alles Sichere.

Ich nahm damals eine vollkommen kühle Haltung an, da ich beide Seiten kannte. Raúl war der Produzent von Jerry Adriani, einem Bolero-Sänger im Stil Julio Iglesias', den ich überhaupt nicht mochte. Ich fand den Kerl grauenhaft. Dennoch stellte es sich heraus, daß er entgegen meiner Vorurteile ein charmanter, phantastischer, wunderbarer Mensch war. Es gab damals ein außergewöhnliches Projekt mit dem Titel *Dichter, zeig dein Gesicht!*, mit allen Songwriters Brasiliens. Mein Produzent fragte mich, welchem Sänger ich meine Texte vorschlagen wolle, und ich sagte Adriani, weil er es verdiente.

Wie viele Texte hast du für Raúl Seixas geschrieben?

Fünfundsechzig. Adriani war sehr gerührt, daß ich ihn auserwählt hatte, meine Texte zu singen. Es war eine Art, ihn zu ehren, weil er für Raúl und für mich so wichtig gewesen war.

Und damit hatten deine finanziellen Schwierigkeiten ein Ende?

Zweifellos. Stell dir vor, das erste Mal in meinem Leben war ich von einem Tag auf den anderen reich. Ich bin zur Bank gegangen, um meinen Kontostand zu überprüfen, und stellte fest, daß eine Zahlung von fast vierzigtausend Dollar eingegangen war. Ich hatte nicht einmal Geld, um ins Kino oder ins Restaurant zu gehen, und am Tag darauf hatte ich vierzigtausend Dollar. So ein Wahnsinn! Mein erster Gedanke war, mir einen Rennwagen zu kaufen, aber schließlich habe ich mir eine Wohnung gekauft.

Meine Eltern begannen aufgrund dieser merkwürdigen Verbindung, die zwischen Geld und Erfolg gemacht wird, mich nunmehr zu verwöhnen. Ich war vierundzwanzig Jahre alt, und mein Vater unterstützte mich bei der Wohnung. Er hat mir noch weitere dreißigtausend Dollar geliehen, die ich ihm sofort zurückgezahlt habe, denn ich habe weiterhin sehr viel Geld verdient. Das ging so weit, daß ich 1978 mit etwas über dreißig Jahren fünf Wohnungen besaß. Manchmal gibt es Schlüsselfiguren im Leben, die wie Zeichen sind und das Leben verändern, wie es mit dem Psychiater Fajardo passiert ist, und später, als ich aus dem Gefängnis kam, mit jemand anderem. Es ist schon merkwürdig, daß es nicht die Institutionen, sondern die Individuen sind, die den Lauf deines Lebens zum Bösen oder Guten hin bestimmen.

Du warst aus politischen Gründen im Gefängnis; du wurdest entführt und gefoltert, nicht wahr?

Dreimal. Bei mir geschieht alles dreimal. Im *Alchimisten* gibt es ein Sprichwort, das lautet: »Alles, was nur einmal geschieht, geschieht vielleicht nie wieder, doch was zweimal geschieht, das wird gewiß auch ein drittes Mal geschehen.« Ich habe die Dinge sehr häufig so erlebt, es sind die Symbole, die Zeichen in meinem Leben. Im Grunde war ich sechsmal Gefangener: dreimal in der psychiatrischen Anstalt, dreimal im Gefängnis.

Welche Erfahrung war die schlimmere?

Das Gefängnis war tausendmal schlimmer. Es war die schlimmste Erfahrung in meinem Leben, weil zu dem, was ich dort durchgemacht habe, noch hinzukam, daß ich, nachdem ich wieder herausgekommen war, wie ein Aussätziger behandelt wurde. Alle sagten: »Komm dem bloß nicht zu nahe, es wird schon einen Grund gegeben haben.«

Weißt du, Juan, das Gefängnis ist die Erfahrung von Haß,

von Grausamkeit, von fataler Macht und vollkommener Ohnmacht. Als sie mich das erste Mal aufgriffen, aß ich gerade mit einer Clique junger Leute in Paraná. Es hatte einen Banküberfall gegeben. Mich, der langes Haar hatte und keinen Ausweis dabei, nahmen sie anschließend fest und brachten mich ins Gefängnis. Sie hielten mich dort eine Woche fest, taten mir aber dieses Mal nichts.

Und die anderen Male?

Das war schlimmer und unerwarteter, weil ich damals mit Raúl reiste. Ich war wegen meiner Liedtexte sehr bekannt und verdiente viel Geld. Außerdem war ich schon in die Welt der Magie tief eingedrungen und fühlte mich beinahe allmächtig. Dennoch kam ich erneut ins Gefängnis.

Warum wurdest du verhaftet?

Ich erinnere mich daran, als wäre es gestern. Wir, Raúl und ich, begannen damals, an eine alternative Gesellschaft zu glauben, und kultivierten eine bestimmte Utopie. Während eines Konzertes in Brasilia habe ich einige Worte zu unseren Gedanken zur Gesellschaft gesagt und wie wir sie verändern wollten. Mir kam das ganz unschuldig vor. Wir waren nur junge, idealistische Leute. Doch am Tag darauf erhielt Raúl ein Papier, das ihn aufforderte, sich bei der politischen Polizei zu melden. Er ist dorthin gegangen, und ich habe ihn begleitet und habe mich in den Wartesaal gesetzt. Irgendwann kam Raúl wieder heraus. Er ist telefonieren gegangen und sagte zu mir: »Das Problem betrifft dich und nicht mich.« Ich begriff, was er damit sagen wollte, und wollte mich gerade in Bewegung setzen, da sagten die Polizisten zu mir: »Wohin willst du?« – »Einen Kaffee trinken«, antwortete ich ihnen. – »Nein, nein, bitte deinen

Freund darum«, sagten sie darauf. Und ich kam dort nicht mehr raus. Damals fand ich das nicht so schlimm, weil ich zudem noch ziemlich romantische Vorstellungen vom Gefängnis hatte, weil ich dachte, daß aus politischen Gründen ins Gefängnis kommen Teil des Abenteuers war, das wir gerade erlebten.

Haben dir deine Eltern geholfen?

Ja. Es gelang ihnen, mir einen Anwalt zu stellen, der mir sagte, ich sollte ganz beruhigt sein, sie würden mich nicht anfassen, ich sei zwar im Gefängnis, aber diese Horrorgeschichten, die man von den Foltern der Diktatur hörte, würden mir nicht passieren. Es war schon am Ende der schlimmsten Zeiten der Militärregierung, und General Geisel war entschlossen, eine politische Öffnung herbeizuführen, und es gab die Hardliner, die extreme Rechte, die eine ganze Kriegsmaschinerie aufgebaut hatten, mit der sie der Guerilla ein Ende gesetzt hatten, und die jetzt ihre Daseinsberechtigung vorweisen mußten. Sie wußten, daß ich einer dieser Verrückten war, die von einer alternativen Gesellschaft träumten, was nichts mit Guerilla zu tun hatte, doch sie hatten schon fast keine politischen Gefangenen mehr, weil sie sie fast alle umgebracht hatten, und mußten neue Feinde ausfindig machen, um sich zu rechtfertigen.

Nachdem der Anwalt gekommen war, ließen sie mich gehen, und ich unterzeichnete ein Dokument, in dem stand, die Regierung trage keine Verantwortung dafür und noch weiterer derartiger Unsinn.

Aber das Schlimmste kam dann noch…

Ja. Ich war kaum aus dem Gefängnis heraus, da hat eine paramilitärische Gruppe meine Frau und mich entführt.

Wir fuhren gerade in einem Taxi. Ich zeigte ihnen das Papier, das ich im Gefängnis unterzeichnet hatte, und sie sagten zu mir: »Dann stimmt es also, daß du einer dieser Guerilleros bist, denn du bist nicht zu dir nach Hause zurückgekehrt.« Und sie fügten hinzu, daß ich mit meinen Guerillagenossen im Untergrund lebte.

Ich war einer von diesen verschwundenen Menschen und machte die schlimmsten Tage meines Lebens durch. Dieses Mal konnten meine Eltern mir nicht helfen, weil sie nicht wußten, wo ich war.

Wohin wurdest du gebracht?

Ich weiß es nicht. Als ich wieder draußen war, habe ich mit einigen Leuten darüber geredet, und wir dachten – wissen kann man es nicht, weil sie einem bei der Entführung eine Kapuze über den Kopf ziehen, damit man nichts sieht –, daß ich in der Rua Barão Mezquita war, wo es eine Kaserne gab, die als Folterzentrum traurige Berühmtheit erlangte, aber das ist nur eine Annahme. Ich hatte die Kapuze immer auf, oder wenn ich sie nicht aufhatte, war ich allein, war niemand bei mir. Meine Verwandten wußten auch nicht, wo ich war. Da ich nicht im Gefängnis war, wies der Staat jede Verantwortung von sich. Ich war in den Händen der Paramilitärs, und meine große Angst war, man könnte mich nach São Paulo bringen, wo die Repression am schlimmsten war. Ich habe über diese Augenblicke häufig mit Bruder Betto gesprochen, weil sie für mich das Grauen schlechthin waren, und er sagte mir: »Das Grauen, das sind immer die ersten Tage.« Und so war es auch bei mir.

Wurden du und deine Frau lange festgehalten?

Ich wurde eine Woche festgehalten, aber die Tage kommen dir wie Jahre vor, weil du vollkommen verloren bist, ohnmächtig, du weißt nicht, wo du bist, du hast niemanden, mit dem du reden kannst. Der einzige Mensch, den ich gesehen habe, war der Fotograf, weil er mir die Kapuze abnehmen mußte, um das Foto zu machen. Und dazu die Folter...

Paulo Coelho wollte nicht ins Detail der ersten Folterwoche gehen: Das Geschehen in Worte zu fassen hätte bedeutet, die schwierigsten und erniedrigendsten Augenblicke seines Lebens noch einmal zu durchleben. Er wurde stets mit der Kapuze über dem Kopf gefoltert, aber Jahre später hatte er dennoch das Gefühl, einen seiner Folterer wiederzuerkennen und daß auch dieser sein Opfer wiedererkannt hatte.

Was beabsichtigten sie mit der Folter?
Daß ich ihnen etwas über die Guerilla von Bahia erzählte. Ich hatte nicht den blassesten Schimmer, ich wußte überhaupt nichts. Die Technik war folgende: Ist der Kerl schuldig, muß er schnell zum Reden gebracht werden, sonst gewöhnt er sich später an die Folter. Ganz zu Anfang, zwischen Entführung und Folter, reagierst du nicht.
Ich erinnere mich daran, daß sie mich und meine Frau aus dem Taxi zogen. Ich habe zuerst das Hotel Glória und die Waffen gesehen, alles blitzschnell. »Raus!«, haben sie zu meiner Frau gesagt, und sie haben sie an den Haaren herausgezogen. Ich habe das Hotel angesehen und gedacht: »Ich werde gleich sterben. So etwas Blödes, sterben und dabei ein Hotel anschauen.« Das ist der Unsinn, der einem

in den tragischsten Augenblicken einfällt. Sie haben meine Frau in einen Wagen, mich in einen anderen gesteckt. Für meine Frau war es schlimmer, da sie ihr sagten, sie würden sie töten, mir nicht. Mich haben sie gepackt, mir die Kapuze übergezogen und gesagt, sie würden mich nicht töten, ich solle mich nicht beunruhigen. Aber wie sollte ich ruhig bleiben, ich wußte, sie würden mich in ein Konzentrationslager bringen und von Kopf bis Fuß foltern! Dennoch wollte ich weder noch konnte ich ihnen etwas sagen, weil ich überhaupt nichts über die Guerilla wußte.

An diesem Punkt des Gesprächs wollte Coelho ein sehr intimes Detail erzählen, das ihn noch heute quält. Einmal haben sie ihn mit der Kapuze über dem Kopf zu den Toiletten geführt. In der nebenan befand sich seine Frau. Sie hat seine Stimme erkannt und gesagt: »Wenn du Paulo bist, sprich bitte mit mir!« Er wurde für einen Moment panisch und erkannte seine Frau genau, doch er wagte nicht, ihr zu antworten. Er erfuhr so, daß sie im selben Gefängnis war und auch gefoltert wurde. Aber er hatte nicht den Mut, auch nur ein einziges Wort zu ihr zu sagen, und ist in seine Zelle zurückgekehrt. Coelho hat mir mit Tränen in den Augen folgendes dazu gesagt: »Ich bin in meinem ganzen Leben nie wieder so feige gewesen, und ich werde mich dessen mein Leben lang schämen.« Als sie beide das Folterzentrum verließen, hatte ihn diese Frau nur um eines gebeten: Er möge nie wieder ihren Namen aussprechen. Und Coelho hält sich daran: Jedesmal, wenn er von ihr spricht, sagt er »meine Frau ohne Namen«.

3

Das Privatleben

> *»Der Gedanke an den Tod schreckt mich nicht, weil ich mehrfach in meinem Leben im Angesicht des Todes gestanden habe.«*

> *»Das letzte, was ich möchte, wäre, meine Freunde zu verlieren, weil ich zu einer öffentlichen Person geworden bin.«*

Coelhos zahlreiche Leser fragen sich zweifellos, wie sein Privatleben aussieht, und wüßten auch gern, wie einer der bekanntesten Schriftsteller der Welt sich verhält, wenn er nicht in der Öffentlichkeit steht. Welches sind seine Ängste, welches seine kleinen Genugtuungen? Wer ihn gut kennt, weiß, daß Paulo Coelho trotz seiner Berühmtheit und des vielen Geldes, das ihm seine Bücher eingebracht haben, trotz mannigfacher Anfeindungen überall auf der Welt in Wirklichkeit ein durchaus zugänglicher, großzügiger, einfacher Mensch ist, der manchmal fast wie ein Kind wirkt. Jemand, der die dunklen Seiten seiner Vergangenheit nicht verhehlt und voller Freude auf das positive Echo reagiert, das seine Bücher vor allem bei jungen Menschen hervorrufen. Die negativen Reaktionen dagegen vergißt er im allgemeinen sofort wieder und rechtfertigt sie sogar. Für ihn ist

Neid die schwerste und die dümmste aller Sünden. Coelho – ein Heiliger? Keineswegs, nur ein leidenschaftlicher, zuweilen genialer Mensch mit seinen – durchaus großen – Fehlern und einer unleugbaren Portion Eitelkeit. Wenn er will, kann er sehr hart sein, doch hat er auch die Fähigkeit, sich ganz einzubringen, und es ist ihm ein ehrliches Anliegen, anderen zu helfen, ihren eigenen Lebenstraum zu verwirklichen. Das hat ihn aus seiner schwierigen, oft auch tragischen Vergangenheit hinausgeführt, in der er mehr als einmal am Rand des Wahnsinns und des Todes stand.

Laß uns über dein Privatleben sprechen. Schützt du es?

Nein, ich schütze es nicht, aber wir müßten erst einmal definieren, was genau mein Privatleben ist.

Wenn ich in Brasilien bin, lebe ich im Grunde sehr einsam und zurückgezogen, nicht weil ich mein Privatleben verteidige oder irgend etwas zu verbergen hätte. Ich bin derart offen, daß die Leute es nicht glauben wollen und sagen: »Das ist doch nicht möglich.« Aber so ist es.

Hältst du dich für einen geselligen Menschen?

Nein. Ich bin sogar sehr ungesellig, aber auch das muß man differenziert sehen. Ich liebe meine Arbeit, ich tue sie voller Begeisterung. Wenn ich reisen muß, reise ich; wenn ich Vorträge halten muß – was für mich das Unangenehmste ist –, halte ich Vorträge. Interviews empfinde ich als weniger unangenehm, weil sie wie eine ganz normale Unterhaltung sind.

Und deine Reisen? Du bist doch mehr als die Hälfte des Jahres in der ganzen Welt unterwegs.

Es stimmt, daß ich mich mehr außerhalb Brasiliens aufhalte als hier, denn die Verleger wollen heutzutage, daß der Autor für seine Bücher wirbt. Ehrlich gesagt, nehme ich die Reisen, die Hotels, die Flughäfen in Kauf, lasse sie stoisch über mich ergehen. Sie ermöglichen mir, viele meiner Leser zu treffen, ihnen »den Puls zu fühlen«, mit ihnen meine Hoffnungen und Gedanken zu teilen. Es ergeben sich oft sehr anrührende, bereichernde Begegnungen. Außerdem treffe ich viele sehr interessante Menschen, die mir im Leben etwas bedeuten. Du und ich, beispielsweise, haben uns in Madrid bei einer Buchpräsentation des *Fünften Bergs* kennengelernt.

Macht es dir trotz deiner Flugangst nichts aus, zu reisen?

Früher hatte ich Angst, aber jetzt nicht mehr. Ich habe sie in Avila verloren, der Stadt der heiligen Theresia von Jesus, der großen spanischen Heiligen. Ich hatte dort eine intensive religiöse Erfahrung, und danach sind meine kleinen Ängste, unter anderem auch die Flugangst, für immer verschwunden. Dabei fällt mir eine unvergeßliche Reise ein aus der Zeit, als ich noch Flugangst hatte. Ich saß neben einer Dame, die gar nicht aufhören wollte zu trinken. Irgendwann schaute sie mich an und sagte: »Denken Sie bloß nicht, ich sei Alkoholikerin, ich sterbe einfach vor Angst.« Und sie begann sämtliche möglichen Flugzeugpannen aufzuzählen, so als stünden sie uns unmittelbar bevor. Das Thema der Angst findet sich übrigens in *Der Fünfte Berg*.

Bist du also ein Mensch, der keine Angst mehr hat?

Ich habe immer noch kleine Ängste, zum Beispiel die Angst, öffentlich zu sprechen.

Und die Angst vor dem Tode?

Ich fürchte mich nicht mehr vor dem Tod, weil ich mich in meinem Leben mehrfach im Angesicht des Todes befunden habe. Als ich den Drogen und der Schwarzen Magie frönte, war ich überzeugt davon, daß ich sterben würde.

Wenn ich jetzt darüber nachdenke, dann glaube ich nicht, daß die Angst vor dem Tod oder möglichen Todesarten in meinem Leben eine Konstante gewesen ist. Zum Beispiel war die Angst, die ich im Flugzeug empfand, nicht so sehr die Angst vor dem Tod, sondern die vor dem ständigen Unterwegssein, dieser gewissen Verlorenheit.

Wann hast du aufgehört, dich vor dem Tod zu fürchten?

Als ich den Jakobsweg gegangen bin. Ich habe da eine sehr interessante und wichtige Erfahrung gemacht, als ich in einem Exerzitium meinen eigenen Tod durchlebte. Danach hatte ich nie mehr Angst vor dem Sterben. Und jetzt sehe ich den Tod als etwas, was mir im Gegenteil den starken Wunsch zu leben einflößt. (Castaneda hat positiv über den Tod gesprochen und auch keine Angst davor gehabt.)

Aber irgendwann wirst du sterben wie jeder andere Mensch auch. Wie stellst du dir den Tod heute vor?

In *Auf dem Jakobsweg* beschreibe ich den Tod als eine Art Engel, eine ruhige Gestalt, die ich immer an meiner Seite spüre, seit ich den Jakobsweg gepilgert bin. Selbstverständlich ist mir durchaus bewußt, daß ich sterben muß. Deshalb investiere ich nicht in eine Anhäufung von Reichtümern, sondern in das Leben selbst. Ich glaube, genau das ist es, was unserer Zivilisation fehlt. Erst wenn wir uns vollkommen dessen bewußt sind, daß wir sterben werden, fühlen wir uns hundertprozentig lebendig.

Vor dem Tod hast du keine Angst, aber wie ist es mit dem Scheitern?

Die Frage, ob ich scheitere oder nicht, stellt sich mir nicht. Was immer die Zukunft bringt, ich werde mich nicht als jemanden betrachten können, der gescheitert ist, weil ich vom Leben so viel mehr bekommen habe, als ich jemals hoffen oder träumen konnte. Also nicht scheitern, wohl aber eine Niederlage einstecken. In dem Fall würde ich meine Wunden lecken und aufs neue beginnen.

Du hast aber offenbar Angst davor, man könnte nach deinem Tode Dinge publizieren, die du zu Lebzeiten nicht drucken wolltest.

Ja, in dieser Beziehung bin ich in meinem Testament ganz kategorisch, in dem ich alle meine Güter der Stiftung vermache, von der ich dir erzählt habe. Ich habe einen Paragraphen eingefügt, in dem klargestellt wird, daß ich auf gar keinen Fall zulasse, daß etwas veröffentlicht wird, was ich zu Lebzeiten nicht zur Veröffentlichung freigegeben habe. Es würde auch schwierig sein, denn wenn ich einen Text schreibe und beschließe, ihn nicht zu veröffentlichen, zerstöre ich ihn. Ich finde es unanständig, postum Texte eines Schriftstellers herauszubringen, deren Veröffentlichung dieser zu Lebzeiten verweigert hat. Es sei denn, er hat selbst bestimmt, daß bestimmte Dinge erst nach seinem Tode veröffentlicht werden dürfen.

Glaubst du an Reinkarnation?

Nicht der Gedanke an eine mögliche Reinkarnation beruhigt mich, sondern daß ich am Leben bin. Ich vergesse den Tod nicht, es ist so, als stünde er vor mir, um mich in jedem Augenblick daran zu erinnern: »Sei aufmerksam, mach das, was du machst, gut, schiebe nicht auf morgen, was du heute kannst besorgen, nähre kein Schuldgefühl in dir, hasse dich selber nicht.« Ja, der Tod ist das Natürlichste, was uns geschehen kann.

Und wie steht es mit deiner Angst?

Ehrlich gesagt, hatte ich vor vielen Dingen Angst, aber wenn's gefährlich wurde, war ich immer mutig. Das ist einer meiner Vorzüge. Die Angst hat mich noch nie gelähmt.

Überwindest du sie, oder erträgst du sie?

Ich überwinde die Angst nie, ich blicke ihr ins Angesicht. Sie überwinden hieße, sie zu besiegen, ich besiege sie nicht, ich lebe mir ihr, ohne mich von ihr lähmen zu lassen. Ich schreite voran. Der Mut ist die Angst, die ihre Gebete spricht.

Um auf dein Privatleben zurückzukommen: Was stört dich an deinen gesellschaftlichen Beziehungen am meisten?

Die vielen Cocktails, an denen ich teilnehmen muß. Solange es Buchhändlerempfänge sind, habe ich nichts dagegen, denn unter Buchhändlern fühle ich mich wohl, aber ich hasse es, wenn man meint, mich wichtigen Leuten vorstellen zu müssen. Häufig kann ich nicht einmal ablehnen, weil es auf Bitten lieber Leute geschieht, die mir sehr geholfen haben. Ich eigne mich nicht als öffentliche Person, die im Rampenlicht steht. Selbst wenn ich mich bei solchen Anlässen manchmal amüsiere, meide ich sie doch nach Möglichkeit. Ich bleibe lieber im Hotel und lese oder tue etwas anderes.

Und bei dir zu Hause, in Brasilien?

Auf Reisen bin ich ständig nach außen gerichtet, verströme ich mich ständig, und es ist so, als kehrte meine ganze

Energie zu mir zurück, wenn ich wieder zu Hause anlange. Jetzt, da mein letztes Buch, *Veronika beschließt zu sterben,* herausgekommen ist, muß ich wieder reisen, aber sonst bin ich den ganzen Tag in meiner Wohnung und fühle mich wohl. Heute war ich beispielsweise zu einer Hochzeit eingeladen. Ich habe ein paar Geschenke geschickt, doch die Gastgeber wissen, daß ich nicht gern ausgehe und am liebsten zu Hause bleibe. Und ich liebe meinen Computer und meine Strandspaziergänge.

Kannst du gut allein sein?

Ich kann gut allein sein. In Wahrheit bin ich es jedoch nie ganz, denn Christina, meine Frau, ist immer da, allerdings in ihrem Atelier, das hier gegenüber von meinem Arbeitsbereich liegt. Oft sprechen wir stundenlang kein Wort miteinander, und doch spürt jeder die Gegenwart des anderen. Mein Spaziergang am Strand von Copacabana, der gleich vor der Haustür liegt, ist ein Ritual, das ich nicht missen möchte. Da ich nachts arbeite, stehe ich spät auf, und dann freue ich mich darauf, dort entlangzuschlendern, Leute zu treffen und den Tag so unauffällig wie möglich anzugehen.

Es dürfte aber für dich nicht so leicht sein, einfach und unauffällig zu leben, zumal du für viele Menschen jemand Unerreichbares geworden bist.

Ja, das ist das einzige wirkliche Problem, das mir der Erfolg beschert hat, und es ist sehr vertrackt. Immer beginnen die Leute ihre Sätze mit »Ich weiß, du hast viel zu tun, aber...« – »Du hast für niemanden mehr Zeit...«. Dabei trifft das auf mich nicht zu und auf neunzig Prozent der Menschen, die berühmt werden, ebenfalls nicht. Schau, ich bin heute um zwölf Uhr mittags aufgestanden, weil ich mir im Fernsehen das Endspiel Frankreich–Brasilien in Paris ansehen wollte; anschließend habe ich ein langes Interview gegeben und mich dann nochmals hingelegt..., aber sonst habe ich nichts Besonderes vor. Vermutlich werde ich für die Zeitung noch ein paar Kolumnen auf Vorrat schreiben, weil ich weiß, daß eine arbeitsreiche Zeit auf mich zukommt. Aber seit ich am 10. Juli nach Brasilien zurückgekehrt bin, habe ich noch nichts Rechtes getan.

Das passiert unweigerlich fast allen berühmten Menschen. Man denkt, sie befinden sich außerhalb der Wirklichkeit, sie finden nicht einmal Zeit zum Durchatmen.

Am Ende schafft das eine Art Schranke zwischen dir und den alten Freunden. Sogar die engsten Freunde glauben, daß sich in dir etwas verändert hat, daß du nicht mehr der alte bist. Und bald schon behandeln sie dich auch anders. Während sich für mich in Wirklichkeit nichts geändert hat. Einige meiner Freunde haben sogar gesagt: »Ich mochte Paulo, als er noch nicht bekannt war.« Aber wie können sie so etwas sagen, wenn ich doch derselbe bin? Im Gegenteil, jetzt schätze ich meine alten Freunde viel mehr, denn ich weiß, daß ich ihre Freundschaft nicht meiner augenblicklichen Berühmtheit verdanke, sondern daß sie schon vorher da war, als ich noch ein Niemand war.

Wenn jemand zum Medienstar avanciert, wird er meist auch als solcher gesehen. Selbst von seinen alten Freunden.

Das mag sein, doch ich bin immer noch derselbe, und mein inneres Gleichgewicht verdanke ich meinen Freunden. Wenn ich den Kontakt zu meinen Freunden verliere, verliere ich alles, gerate ich aus dem Lot. Dieser Fehler ist mir früher einmal passiert, als ich Liedtexte schrieb. Damals hielt ich mich für den König der Welt, ich begann, berühmt zu werden, Geld zu verdienen. Gleichzeitig arbeitete ich für eine internationale Plattenfirma, und das erste, was ich dann tat, war, meine Freunde zu wechseln. Ich sagte mir: »Jetzt bin ich sehr wichtig, ich habe nichts mehr mit diesen Hippies und ihren Vorstellungen zu tun.« Und dann passierte folgendes: An dem Tag, an dem ich meine Arbeit verlor, war ich vollkommen allein. Die Leute, die ich für meine neuen Freunde hielt, riefen mich nicht mehr an, und die anderen hatte ich ebenfalls verloren. Da habe ich mir gesagt: »Wenn ich noch mal eine Chance bekomme, dann werde ich meine Freunde behalten, um jeden Preis.«

Und hast du es geschafft?

Nicht ganz, aber diesmal lag es nicht an mir. Aber das mit der Berühmtheit ist schon eine vertrackte Sache, weil meine Freunde einfach nicht ungezwungen mit mir umgehen. Anfangs riefen sie mich immer alle an, wenn ein Artikel über mich in der Zeitung stand, um mir zu sagen, sie hätten ihn gelesen, oder sie hätten mich im Fernsehen gesehen. Heute spreche ich mit dem Papst, und keiner ruft mich an, um mir zu sagen: »Ich habe dich mit dem Papst gesehen ...« Ich glaube nicht, daß sie aus Eifersucht so handeln, sondern eher, weil sie glauben, ich wäre unerreichbar, daß ein Mensch, den sogar der Papst empfängt, seine alten Freundschaften nicht aufrechterhalten kann. Sie irren sich.

Vielleicht glauben sie, du seiest inzwischen so berühmt, daß es ganz normal für dich ist, vom Papst empfangen zu werden.

Sie mögen das vielleicht denken, aber ich nicht. Ich bemühe mich, den kindlichen Blick zu behalten, denn nur so komme ich weiter. Verliere ich ihn, verliere ich auch meine Begeisterung. Darum reise ich so gerne in Brasilien durchs Landesinnere. Brasilien ist ein phantastisches Land. Und vor allem die Bewohner im Landesinneren sind sehr offen und voller Würde und lassen sich nicht so leicht einschüchtern. Sie sind ehrlich und reden nicht um den heißen Brei herum; während ich beobachte, wie der Erfolg sehr häufig die Menschen einschüchtert, die dir nahestehen. Letztlich habe ich nur eine Handvoll Freunde, die sich ebenfalls nicht einschüchtern lassen, die vielleicht die gleichen Probleme haben wie ich. Sie verstehen mich und entfernen sich nicht von mir.

Für die anderen bist du nicht nur ein Mensch, sondern zwei, du selbst und die öffentliche Person. Es mag doch sein, daß du einerseits der Unerreichbare bist und andererseits der, der du früher warst, aber sie glauben, daß es den nicht mehr gibt, daß du eine öffentliche Person geworden bist und damit basta.

Dennoch ging das nie von mir aus – außer, wie gesagt, 1979-1980, als ich schuld war. Heute bin ich erreichbar, zugänglich, und wenn ich es nicht bin, dann für Dinge, die mich nicht interessieren, aber für das Leben bin ich immer offen. Im übrigen finde ich in dem Maße, wie ich Freunde verliere, neue Freunde. Es sind vielleicht nicht solche, die eines Tages mit mir den Berg bezwingen werden, aber es sind gute Freunde, auf die ich zählen kann.

Wie schützt du dich vor dem unvermeidlichen Neid, den dein Erfolg wahrscheinlich vor allem bei anderen Schriftstellern weckt?

Gegen Neid schütze ich mich durch Magie. Ich schaffe

eine schützende Barriere, ich kämpfe nicht gegen ihn an. Meiner Meinung nach ist der Neid die zerstörerischste der Todsünden, weil der Neidische nicht sagt: »Ich will das auch haben«, sondern: »Ich will nicht, daß ein anderer das hat.« Das ist sehr kleinlich, der Neidische nivelliert die Welt nach unten. Ich weiß, daß ich mich selber zerstören kann, daß Gott mich zerstören kann, aber nicht der Neid. Er zerstört nur diejenigen, die ihn wie eine giftige Schlange in ihrer Brust nisten lassen.

4

Der politische Mensch

»*Für mich heißt Politik, die Mauer der Konventionen einzureißen, die uns umgibt.*«

»*Man muß begreiflich machen, daß ein Schriftsteller nicht wichtiger ist als ein Kokosnußverkäufer.*«

In seiner bewegten Jugend gehörte Paulo Coelho so fortschrittlichen Bewegungen an, daß ihm selbst die Beatles konservativ vorkamen. Er träumte von einer alternativen Gesellschaft und befaßte sich eingehend mit dem Marxismus. Er hat sich in seinem politischen und ethischen Engagement immer gegen das System gestellt. Dafür mußte er teuer bezahlen: Er wurde zwangsinterniert, ins Gefängnis gesteckt, gefoltert.

Heute ist er ein in sich ruhender, weltberühmter Mann, um den sich die Großen der Welt reißen, und beliebt bei seinen Lesern. Doch wo steht Paulo Coelho politisch und ethisch? Er hält sich immer noch für einen politischen Menschen, obwohl er sich von jeglicher Parteibindung fernhält. Im Grunde ist er der Romantiker geblieben, der er als junger Mann war, der glauben möchte, daß eine feste spirituelle Überzeugung, die Liebe zum Mysterium, zur Toleranz und die Portion positive Magie, die in jedem von uns ist, letztlich dazu beitragen, eine weniger unglückliche, weniger grausame Welt zu schaffen, in der es Träume gibt, deren Verwirklichung nicht unmöglich ist.

Daher glaubt er, daß es darauf ankommt, daß es in dieser grausamen, profit- und machtgierigen Welt wichtig ist, auf das Kind in uns zu hören, das noch die Unschuld besitzt, ohne die wir nicht begreifen werden, wer wir sind und warum wir leben.

Du lebst hier in Brasilien, auch wenn du einen Großteil des Jahres damit verbringst, die Welt zu bereisen. In diesem Entwicklungs-Land der unbeschränkten Möglichkeiten vegetieren vierzig Millionen Arme (also ein Viertel der Bevölkerung) am Rand der Gesellschaft vor sich hin. Im Vergleich zu ihnen sind wir in Europa alle reich. Bevor du berühmt wurdest, hattest auch du materielle Schwierigkeiten. Heute bist du ein reicher Mann und lebst in dieser herrlichen Wohnung in Rio de Janeiro an diesem Traumstrand... Ich bin sicher, daß deine Leser brennend gern wüßten, wie du zu den Herausforderungen der Dritten Welt stehst.

Selbstverständlich hat sich meine Sicht der Welt und der Politik im Laufe der Zeit geändert. Ich habe meine Erfahrungen mit politischer Radikalität gemacht, mit allen positiven und negativen Aspekten. Wir sind alle irgendwie Waisen unserer Träume von einer gerechten Gesellschaft, für die wir uns eingesetzt und gekämpft haben.

Heute bin ich davon überzeugt, daß nicht die großen Ideologien die Welt verändern werden. Viele von ihnen sind gescheitert, und neue, noch gefährlichere – wie die neuen fundamentalistischen Bewegungen – kommen nach.

Ich fühle mich immer noch als ein politischer Mensch, aber die Politik, die aus meinen Büchern spricht, ist eine, die die Mauer jener Konventionen einreißen will, die zu Fanatismus führen. Ich bin der Meinung, die auch schon der spanische Philosoph Fernando Savater geäußert hat, daß nämlich das Wichtigste ein starkes ethisches Engagement jedes einzelnen ist, ohne das die Gesellschaft von morgen immer grausamer und immer weniger brüderlich sein wird.

Wofür engagierst du dich?

Ich bin überzeugt, daß jeder seinen Beitrag zur Gesellschaft leisten muß. Daher glaube ich zutiefst an diese neue Welle der Solidarität, die sich überall auf der Welt, vor allem unter jungen Menschen, ausbreitet. Um es nicht bei den guten Absichten zu belassen, habe ich im Rahmen meiner Möglichkeiten etwas für die Solidarität tun wollen und eine gemeinnützige Stiftung ins Leben gerufen, die meinen Namen trägt und mich überleben wird.

Und was ist ihr Zweck?

Erstens muß ich klarstellen, daß meine Frau Christina sich um die Stiftung kümmert. Sie paßt auf, daß der Stiftungszweck streng eingehalten wird. Von Anfang an wollte ich, daß diese Stiftung etwas Seriöses, Transparentes wird, mit fünf klaren Zielsetzungen: Unterstützung brasilianischer Waisen- und Straßenkinder sowie bedürftiger alter Leute; Übersetzungszuschüsse für klassische brasilianische Autoren, um die reiche Kultur meines Landes bekannt zu machen: Mich interessieren vor allem Klassiker und bereits verstorbene Autoren, weil ich mir so keine unnötigen Neidereien und Eitelkeiten auflade. Vierte Zielsetzung: das Studium der brasilianischen Prähistorie, der ungeschriebenen Geschichte meines Landes, das ich so sehr liebe. Die Ergebnisse unserer Forschungen werden fortlaufend publiziert und mit Unterstützung unseres Kulturministeriums verbreitet. Ich habe vor, sie ins Internet zu stellen. Das fünfte Ziel schließlich ist das einzige, das mit meinem Tod aufhören wird, denn es ist sehr persönlich: Ich habe mir vorgenommen, einigen Menschen dabei zu helfen, ihren Traum oder etwas, was sie sich in den Kopf gesetzt haben, zu verwirklichen. Natürlich melden sich unendlich viele Bittsteller, aber ich allein entscheide, wem ich helfen will. Das reicht von jemandem eine Gitarre oder einer Leseratte eine Werkausgabe schenken bis für jemanden die Reisekosten übernehmen, der den Jakobsweg gehen will – eine Erfahrung, die mein Leben verändert hat.

Der größte Teil der Post, die ich täglich erhalte, sind Bittgesuche. Aber ob ich zusage oder ablehne, hängt häufig von meiner augenblicklichen Laune ab. Ich lasse mich von meinem Instinkt leiten. Den Rest besorgt die Stiftung.

Wie groß ist der Betrag, den du in die Stiftung einzahlst? Ich habe Verschiedenes und Widersprüchliches gelesen.

Ich stifte jedes Jahr dreihunderttausend Dollar aus meinen Tantiemen. Seit letztem Jahr sind daraus wegen eines Irrtums meinerseits während eines Interviews vierhunderttausend geworden. Da ich es nun einmal gesagt hatte, wollte ich nicht wie ein Lügner dastehen und habe die Summe um hunderttausend Dollar aufgestockt und daraus ein größeres Haus für die Escuala Meninos da Luz, unsere Favela-Kinderkrippe, gekauft, da das alte zu klein geworden war.

So wird mich mein Irrtum in Zukunft pro Jahr weitere einhunderttausend Dollar kosten.

Was hat dich dazu gebracht, Werbung für deine Stiftung zu machen? Anfangs wußte niemand etwas davon, du hast in aller Stille gearbeitet.

Das stimmt, aber eines Tages ist in einer Zeitung eine kleine Notiz erschienen, und zu meiner Überraschung hat mir das ein eindrucksvolles Netzwerk stillschweigender Solidarität in unserer Gesellschaft aufgetan. Tausende wollten mir helfen. So etwas versöhnt dich mit der Menschheit, und du sagst dir, der Mensch kann doch nicht so böse sein, wie alle immer denken.

Außerdem habe ich herausgefunden, daß dieses Netzwerk sich aus ganz unterschiedlichen Menschen zusammensetzt: Es vereint nicht nur junge Idealisten, die etwas für andere tun wollen, auch wenn sie selber keine Mittel haben, sondern auch Manager wichtiger Unternehmen, Industriemagnate mit sehr viel Geld. Keinen Unterschied gibt es in der Begeisterung, mit der sie etwas Konkretes für Bedürftige tun. Und sie machen es im stillen, ohne viel Aufhebens, sozusagen auf Zehenspitzen, wie das Evangelium sagt, ohne daß die rechte Hand weiß, was die linke tut.

Und rein politisch, wo situierst du dich da?

Wie ich dir schon gesagt habe, halte ich mich für einen politischen Menschen, aber nicht für einen Parteigänger. Ich empfinde meine Bücher als eine Form der Politik, nicht nur, weil sie den Menschen helfen, sich vieler Dinge bewußt zu werden, indem sie vom persönlichen Lebensentwurf erzählen, vom Erwecken des weiblichen Teils in uns und von der Notwendigkeit, die Handbücher des guten Benehmens zu zerreißen und den Preis für den eigenen Lebenstraum zu zahlen; die Bücher machen die Leser auch wachsam gegenüber jeglicher Form von Fanatismus, gegenüber denjenigen, die den Platz ihres Gewissens einnehmen wollen, gegenüber einer falschen Kultur des Wissens und gegenüber der Scheinheiligkeit einer eigennützigen Politik, die den Bürgern nicht dient, sondern sie ausnutzt.

Warst du jemals versucht, aufgrund deiner Berühmtheit in einer Partei politisch tätig zu werden?

Mich für ein politisches Amt zur Verfügung stellen? Nein, das interessiert mich nicht. Die traditionelle Politik hat bereits ihre Führungskräfte und Volksvertreter. Mich interessiert eine ganz andere Form der Politik. Ich mache bereits Politik. Oder ist der Versuch, die Mauer einzureißen, die die Menschen von der Macht trennt, das Verschmelzen von Imaginärem und Realem, etwa keine Politik?

Du behauptest häufig, daß Politik auch heißt, die Dinge voller Begeisterung und gut zu machen.

Ja. Das ist für mich auch eine Form der Politik: immer wieder auf die unterschiedlichsten Arten sagen, daß man voller Begeisterung leben soll, daß jeder für sein eigenes Schicksal verantwortlich ist, daß jeder noch so berühmte Schriftsteller letztlich nicht wichtiger ist als ein Kokosnußverkäufer oder ein Polizist, der auf der Straße über deine Sicherheit wacht.

Politik heißt für mich, dazu beizutragen, das zu verändern, was ich das »Akademische« nenne, das heißt das konventionelle, überkommene, bürokratische Steinzeitwissen, das sich als alleinseligmachende, unantastbare Weisheit der Privilegierten sieht. Man muß der Kreativität wieder die

Zügel schießen lassen, dem einfachen Mann das Wort geben. Dafür Sorge tragen, daß niemand aufgrund seines Wissensprivilegs glaubt, einen Freibrief dafür zu haben, anderen seine Kultur aufzuzwingen.

Was das betrifft, glaube ich fest daran, daß das Internet eine Hilfe sein könnte, daß es trotz aller Gefahren, die es birgt, dazu beitragen kann, jedem die Möglichkeit zu geben, seine Stimme zu Gehör zu bringen, auch wenn sie noch so wenig ins Konzept paßt. Wenn die Mächtigen das Internet nicht zerstören, indem sie es sich aneignen, denke ich, daß es einmal ein großartiges Forum für eine universelle Debatte sein kann, aus der sich niemand ausgeschlossen fühlt. Möglicherweise führt das zu einer gesunden Anarchie, die auch die Mächtigen dieser Welt nicht unter Kontrolle bringen können. Aber es ist vor allem eine neue Utopie, an die ich gern glauben möchte.

Aber wenn man dich fragt, wie du zu den neuen Befreiungsbewegungen in der Dritten Welt stehst, wie zum Beispiel der der Indios in Chiapas in Mexiko oder der Landlosen in Brasilien, wie lautet da deine Antwort?

Ich beziehe immer Stellung. Ich weigere mich nicht, meine Meinung zu sagen, ich bin dafür oder dagegen, aber den Mund halte ich nie: Ich stehe immer zu dem, was ich meine.

Und was denkst du über diese Bewegungen?

Das kommt darauf an. Was Chiapas betrifft, so sehe ich vor allem die romantische Seite, weil ich sie nicht sehr genau kenne. Was die Bewegung der Landlosen betrifft, die ich aus der Nähe verfolge, so muß ich zugeben, daß ich nicht immer ihrer Meinung bin, denn mir scheint, sie handeln nicht immer sehr kohärent.

Am nächsten Tag wollte Coelho das Thema noch einmal aufgreifen. Er fürchtete, seine Position sei nicht ganz klar geworden, und das machte ihm wegen seiner Leser Sorge.

Du hast gesagt, daß du dich nie weigern würdest, deine Meinung zu politisch strittigen Themen kundzutun, weil du dich vor deiner Verantwortung nicht fürchtest.

Das ist richtig. Aber das ist nicht das Problem. Seit ich berühmt bin, bitten mich alle um meine Meinung zu den unglaublichsten Dingen, vom Tod Prinzessin Dianas bis hin zum Fußball. Beim Fußball habe ich nichts dagegen, weil ich Fußball liebe und etwas davon verstehe, aber über bestimmte Themen, von denen ich keine Ahnung habe, will man auch meine Meinung hören. Ähnlich verhält es sich mit der Politik. Ich halte mich nicht für unpolitisch, schließlich verwaltet die Politik unser Leben. Du kannst politisch nicht neutral sein, sonst überläßt du anderen die Entscheidung über dein Leben und das, was dir wichtig ist. Man muß aktiv mitarbeiten. Aber ich bin weder Berufspolitiker noch Fachmann für politische Philosophie.

Aber es ist doch nicht schwer, beispielsweise zu den Landlosen eine Meinung zu haben. Wir verfügen über viele Informationen, es geht doch hauptsächlich darum zu wissen, wohin unser Herz tendiert.

Es ist dies nicht nur eine Frage des Herzens. Man muß über das Phänomen nachdenken. Meiner Meinung nach hat die Bewegung sehr gut, mit ganz konkreten Aktionen angefangen. Es gibt riesige Latifundien, und daher ist es logisch, daß die Landlosen versuchen, diese Ländereien zu besetzen und eine neue gesellschaftliche Situation zu schaffen.

Mag sein, daß es aus Mangel an Erfahrung geschehen ist, aber innerhalb der Bewegung geschehen Dinge, die mir nicht gefallen, beispielsweise ungerechtfertigte Besetzungen. Ende 1997 bin ich dem Anführer der Bewegung, Stedile, bei einem Abendessen beim UNESCO-Vertreter in Brasilien begegnet. Wir hatten Gelegenheit, miteinander zu diskutieren und unsere Meinungen auszutauschen. Er machte auf mich den Eindruck eines Mannes, der mit beiden Beinen auf dem Boden steht, aber seine enorme Macht offensichtlich nicht politisch angemessen einsetzt. Und mit »politisch« meine ich die konventionelle Politik. Meine Befürchtung ist, daß er von den Kräften der Rechten manipuliert werden könnte wie einst die brasilianische Guerilla, die von einem bestimmten Augenblick an und aufgrund einiger Fehler, die ihr unterlaufen waren, der rechten Repression selber die Rechtfertigung geliefert hat. Ich glaube, daß sich die Landlosen zum Teil maßlos gezeigt haben, und das stimmt mich traurig und besorgt. Es könnte nämlich dem Kampf der demokratischen Linken, die in unserem Land Raum greift, schaden, obwohl von einer im eigentlichen Sinne linken Regierung noch nicht die Rede sein kann.

Siehst du denn nichts Positives in dieser Bewegung?

Aber ja doch, deshalb macht es mich ja traurig, daß sie aufgrund ihrer Fehler instrumentalisiert werden könnte. Aber gegenwärtig sind sie offensichtlich dabei, eine Allianz mit anderen Kräften zu schließen, was ich positiv werte. Es erweist sich als notwendig, die Rigorosität einer Ideologie und die Leidenschaft stets im Gleichgewicht zu halten, um den Moment intuitiv erfassen zu können, den man gerade durchlebt. Andererseits finde ich, daß die PT [die Arbeiter-partei von Lula, eine linke Partei] sehr viel seriöser ist. Die Bewegung der Landlosen könnte für die PT eine positive Kraft, aber auch eine negative Kraft sein, wenn sie aus dem Blick verliert, was in der Politik möglich ist.

Wie beurteilst du ganz allgemein die Lage in Brasilien, einem aufstrebenden Land, das zwar viele Probleme hat, aber ein wichtiger Orientierungspunkt für ganz Lateiname-rika sein könnte, wenn es gelingt, eine konsequente Gesell-schaftsreform durchzuführen, die den Ärmsten auch ein Stück vom Kuchen zubilligt?

Ich, der ich nie der Rechten angehört habe, würde ganz ehrlich sagen, daß wir heute in Brasilien eine Regierung haben, die sich der Probleme der Gesellschaft bewußt ist. Der Präsident, Fernando Henrique Cardoso, war selbst im Gefängnis, und anders als bei früheren Präsidenten können wir durchaus dazu stehen, daß er unser Präsident ist. Er war ein anerkannter Soziologe, er beherrscht das politische Spiel, er besitzt international großes Prestige und kann mit allen verhandeln, was in der Politik von großem Vorteil ist, sagt man doch immer, sie sei die Kunst des Verhandelns und des Kompromisses.

Das Jahrhundert endet voller Wirren und Ungewißheiten. Es hat zuviel Blutvergießen und zu viele Kriege gegeben. Wir wissen, daß das neue Jahrhundert nichts Spektakuläres bringen wird, wie du ja schon ganz richtig gesagt hast. Aber wie Saramago meint, sind wir am Ende einer Zivilisation angelangt. Und wir können heute nicht sagen, wie die neue aussehen wird, die jetzt nachkommt. Mit welchen Gefühlen

siehst du dem Ende dieser Zivilisation entgegen? Mit Furcht
oder mit Hoffnung?

Mit Prophezeiungen ist es so eine Sache. Alles, was ich dazu sagen kann, ist, daß alles davon abhängt, was in den nächsten fünfzig Jahren geschieht. Sie könnten das neue Jahrtausend prägen. Es hängt zu einem großen Teil davon ab, ob die Menschen sich für eine ernsthafte, redliche spirituelle Suche entscheiden. Malraux hat bereits gesagt, daß das nächste Jahrhundert entweder spirituell oder sonst gar nicht sein wird. Andere sagen, daß es das Jahrhundert des Weiblichen, der Frau sein wird. Andererseits besteht die Gefahr, daß die Bombe des Fundamentalismus explodiert, dessen Voraussetzung meiner Meinung nach paradoxerweise das Nichtvorhandensein von Glauben ist.

Was könnte sich als Gegengift gegen den immer virulenteren neuen Fundamentalismus eignen?

So banal es klingt, aber wir müssen begreifen, daß die Verantwortung für unsere Suche nach dem spirituellen Weg nur bei uns selber liegt und wir sie weder Meistern noch Schiffsführern übertragen sollten. Werte wie Toleranz sollten entwickelt werden, der Gedanke, daß es Raum für alle sowohl in der Religion wie auch in der Politik und in der Kultur gibt, daß niemand uns seine Weltsicht aufzwingen darf. Wie Jesus gesagt hat: »Im Haus meines Vaters gibt es viele Wohnungen.« Es gibt keinen Grund, uns zu zwingen, alle in einer Wohnung oder mit denselben Vorstellungen zu leben. Der Reichtum liegt in der Vielfalt, der Unterschiedlichkeit. Sonst ist es Faschismus. Mit dem Fundamentalismus kehren wir zum tiefsten Obskurantismus der Vergangenheit zurück.

Man sollte verkünden, daß es kein Problem ist, ob man Atheist oder Moslem oder Katholik oder Buddhist oder Agnostiker ist. Das Gegenteil führt unweigerlich zu Kriegen, denn so grenzt man den, der anders ist, als Feind aus, den es zu bekämpfen gilt.

Hast du am World Economic Forum in Davos mit den großen Gurus der Weltwirtschaft die Frage der Gefahr einer Globalisierung des Geistes angesprochen?

Zu meiner Überraschung habe ich in Davos festgestellt, daß diejenigen, die zur Zeit wirtschaftlich und politisch die Macht innehaben, sich auch für spirituelle Themen interessieren, die mit Fundamentalismus nichts zu tun haben, sondern im Gegenteil mit einer sehr weltoffenen Haltung. Ich war beispielsweise von Shimon Peres sehr beeindruckt, der mir seine Vorstellung dargelegt hat, wie man im Vorderen Orient den Frieden erreichen kann. Er glaubt, es sei notwendig, den Frieden zu »privatisieren«, das heißt ihn zu verinnerlichen. Das bedeutet, daß damit begonnen werden müsse, daß jeder den Frieden zu lieben beginnt und ihn zu seinem Lebensprogramm macht, indem er der Toleranz vor der Intoleranz den Vorrang gebe. Und es sei wichtig, daß dieser Gedanke von Israel ausgehe.

Was befürchtest du ganz konkret von diesem Jahrhundert der Globalisierung?

Der Gedanke, daß die wirtschaftliche Globalisierung sich auch auf die Globalisierung Gottes erstrecken könnte, beunruhigt mich. Ebenso schreckt mich die Vorstellung einer homogenen Kultur für alle. Ich fürchte mich vor einem unpersönlichen, dogmatisch für alle geltenden Standard-Gott, der ersetzen würde, was jeder Mensch zuerst mit seinem

Gewissen ausmachen muß. Kultur und Religion sollten der Ausdruck der individuellen Seele sein. Die Gemeinschaft der Gläubigen muß sich aus freien, ursprünglichen, unterschiedlichen Menschen zusammensetzen, wobei jeder seinen eigenen spirituellen Reichtum beisteuert. Die große Gefahr des globalen Marktes besteht darin, eine Kultur hervorzubringen, die als weltweite geistige Kontrollstelle fungiert. Von dort bis zu einem neuen Nazismus ist es nur ein kleiner Schritt.

Du erwähnst häufig den Kampf, du sprichst oft von Schlachten, vom »Krieger des Lichts«, dem Gegenstand eines deiner Bücher. Man könnte glauben, daß dieser Krieger des Lichts dem Krieg näher steht als dem Frieden. Wie würdest du einen wahren Krieger des Lichts definieren?

Ganz einfach. Auf individueller Ebene: sich als jemanden anzunehmen, der sich nicht von seinen Ängsten beherrschen läßt, der gegen sie ankämpft und auf der Suche nach seinem Lebensplan voranschreitet. Auf kollektiver Ebene: jede Art von kulturellem, politischem oder religiösem Fundamentalismus meiden; alles meiden, was bedeuten würde, andere, das heißt Menschen, die anders sind, auszuschließen; begeistert sein und offen gegenüber allen neuen Erfahrungen, neuen Kommunikationsformen oder neuen Formen der Zusammenarbeit und – so abgegriffen das Wort auch ist – gegenüber der Liebe.

Du hast einmal, ich glaube es war in Italien, von der »Ethik des Risikos« gesprochen. Was verstehst du darunter?

Für mich setzt die Ethik des Risikos die Fähigkeit voraus, weiter Wagnisse einzugehen, obwohl alles um uns herum zur Bewegungslosigkeit aufruft. Die Gesellschaft zwingt uns allen immer mehr eiserne Verhaltensregeln auf. Eben im Mut, gegen diese Regeln zu verstoßen, liegt das Risiko der wahren Erkenntnis, die immer einen Bruch mit den traditionellen, obsoleten Paradigmen voraussetzt.

Gehörst du zu denen, die glauben, daß neue Technologien und wissenschaftliche Fortschritte sich negativ auf die Entwicklung des Geistes auswirken?

Nein. Es gibt tatsächlich viele Menschen, die glauben, daß die Technologie alles kaputtgemacht hat, daß sie uns die Menschlichkeit genommen hat. Ich bin nicht dieser Meinung. Das ist einer der wenigen Punkte, in denen ich mit Saramago nicht übereinstimme, wenn er in eurem Gesprächsbuch seine Angst vor diesen Technologien offenbart.

Er sagt vor allem, daß sie nicht für seine Generation geschaffen worden seien, daß er zu spät gekommen sei, obwohl er auch behauptet, daß ein E-Mail nicht von einer Träne verschmiert werden kann.

Meiner Meinung nach sind die Technologie und die wissenschaftlichen Fortschritte vom Internet bis hin zum Handy und allen anderen Neuheiten, die noch über uns hereinbrechen könnten, Teil der Menschheit und vereinfachen uns die Arbeit, machen sie bequemer. Wichtig ist, daß wir sie nicht zu Götzen machen und sie als das benutzen, was sie sind: Werkzeuge, die unser Leben vereinfachen und uns größere Möglichkeiten erschließen, um mit unseresgleichen zu kommunizieren. Denn vergiß nicht, die größte Sünde der Menschheit ist das Nicht-Miteinander-Kommunizieren, die unfreiwillige Einsamkeit, der Augenblick, in dem wir vergessen, daß wir dazu geschaffen wurden, einander zu begegnen, uns gegenseitig als Spiegel zu dienen. Alles, was die Begegnung und die Kommunikation unter uns erleichtert, trägt ganz entschieden dazu bei, uns menschlicher und solidarischer zu machen.

5

Die Frau und das Weibliche

>»Mein ganzes Leben wurde von weib-
licher Energie bestimmt, von der Frau.«<

>»Bevor ich die Frauen kannte, wußte ich
nicht, was Mitgefühl ist.«<

Paulo Coelhos Persönlichkeit erschließt sich einem nur
dann, wenn man begreift, welche Rolle das weibliche Element in seinem Leben und in seinem Werk spielt. Er selbst
gibt in diesen Gesprächen zu, daß die Frau, das Weibliche,
darin von jeher einen wichtigen Platz eingenommen hat. Er,
der vor allem, in Übereinstimmung mit seiner männlichen
Identität, den Weg eines Kriegers des Lichts, den Weg des
Kampfes beschritten hat, wollte eines Tages auch seine weibliche Seite entdecken. Damals kam unvermittelt ein neues
Element seiner Persönlichkeit zum Vorschein: das Mitgefühl, die Fähigkeit, sich vom Leben tragen zu lassen, ohne
sich ständig verteidigen zu müssen. Es war dies auch seine
erste Begegnung mit der weiblichen Seite Gottes. Seine Bücher wären ohne seine Sicht der Frau und des Weiblichen
nicht verständlich. Zwei seiner Werke tragen weibliche Namen, *Brida* und *Veronika beschließt zu sterben,* und in vielen anderen spielen weibliche Personen eine Hauptrolle.
Aber das Werk, das die weibliche Seite am meisten offen-

bart, ist *Am Ufer des Rio Piedra saß ich und weinte,* das Coelho ganz aus weiblicher Sicht schreibt.

Laß uns über die weibliche Seite in dir sprechen, denn ich bin überzeugt, daß das kommende Jahrhundert vor allem das Jahrhundert der Frau sein wird.

Ich bin mir auch sicher, daß die Frau das nächste Jahrhundert prägen wird. Zur Zeit durchlebt der Mann eine Identitätskrise, die schwerer ist als die der Frau. Sie zumindest weiß besser, was sie will und welche Autonomie sie sich nach Jahrhunderte währender, absoluter Beherrschung durch den Mann noch erobern muß.

Ich möchte hier unterscheiden zwischen den Frauen in meinem Leben und dem weiblichen Prinzip, das in mir ist, denn ich fühle mich gleichzeitig männlich und weiblich.

Welche Bedeutung haben die Frau beziehungsweise das weibliche Prinzip in deinem Leben?

In gewisser Hinsicht ist mein ganzes Leben von weiblicher Energie bestimmt worden.

Da wir schon bei den Geständnissen sind, werde ich dir eine Geschichte erzählen, die sehr persönlich und bezeichnend für meine Beziehung zu Frauen ist: Was mit meiner ersten Liebe passiert ist, hat sich später mit allen Frauen wiederholt, denen ich begegnet bin, auch mit meiner jetzigen Frau, Christina.

Ich wollte unbedingt Theater machen. Das war mein zweiter Traum, denn mein erster war weiterhin, Schriftsteller zu werden. Aber ich hatte überhaupt kein Geld. Zudem hatte ich Probleme mit meiner Familie, die meine künstlerischen Ambitionen nicht ertrug und von mir erwartete, daß ich einen ordentlichen Beruf ergriff wie Anwalt oder so. Sie hatte auch veranlaßt, daß ich in die Anstalt eingewiesen wurde. Ich war das schwarze Schaf der Familie, aber als guter Krieger kämpfte ich weiter um meinen Traum, Theater zu machen.

Es war damals für mich eine schwierige Zeit, obwohl mir rückblickend klar wurde, daß sich durch all diese Prüfungen mein Charakter stärkte. Wenn ich heute gelassen und ohne innere Konflikte leben kann, dann verdanke ich das den Kämpfen mit meinen Eltern, die mich für immer hätten zerstören können, die aber Gott sei Dank dazu gedient haben, meinen Geist in zukünftigen Kämpfen zu mäßigen.

Ich hatte damals also vor, Theater zu machen, aber ich wußte nicht, an wen ich mich wenden sollte. Da trat eine Frau, fast noch ein Kind, in mein Leben. Ich war damals achtzehn, sie siebzehn Jahre alt. Sie war für mein Leben emblematisch.

In welcher Hinsicht?

Ich werde es dir erzählen, weil Ereignisse wie dieses viel über das Wesen des Menschen und in diesem konkreten Fall über das Wesen des Weiblichen sagen. Wenn ein brasilianisches Mädchen achtzehn und damit volljährig wird, organisieren seine Eltern ein Fest, zu dem es von den Angehörigen und Freunden Geschenke erhält. Mein Mädchen hieß Fabiola, war blond, blauäugig und wirklich süß. Sie freute sich bestimmt auf die Geschenke. Es war das erste große Fest in ihrem Leben. Ich schämte mich ihr gegenüber immer, weil ich kein Geld hatte und sie sogar um Geld für Zigaretten bitten mußte. Das fiel mir sehr schwer.

Hat sie dich zu diesem Familienfest eingeladen?

Ja, aber nicht nur das. Ohne daß ich etwas davon wußte, hat sie ihre Angehörigen und Freunde gebeten, ihr statt Geschenke Geld zu geben. Und als sie alles beisammenhatte, kam sie zu mir und sagte: »Paulo, du möchtest doch zum Theater. Anstelle von Geschenken habe ich um Geld gebeten. Nimm! Damit kannst du darangehen, deinen großen Traum zu verwirklichen.«

Und so hast du mit dem Theater anfangen können.

Ich konnte es zuerst nicht glauben. Ich konnte eine neue Karriere beginnen. Anfangs half mir Fabiola bei meiner Arbeit. Die Jahre vergingen, ich habe mich durchsetzen können, und es haben sich mir viele Türen aufgetan. Inzwischen hatten wir uns getrennt. Aber eines Tages – ich arbeitete damals bei TV-Globo, dem wichtigsten Fernsehsender Brasiliens, für den ich Texte und Drehbücher für Sendungen schrieb – kam Fabiola zu mir.

Sie wollte mich um einen Gefallen bitten, und ich habe ihn ihr verweigert. Damals hat Gott mich den Tiefpunkt meiner fehlenden Großzügigkeit erreichen lassen. Und zwar kam Fabiola fröhlich an und sagte zu mir: »Paulo, du machst kein Theater, aber du schreibst Drehbücher fürs Fernsehen, das ist großartig.« Und sie fügte hinzu: »Ich möchte dich um einen Gefallen bitten. Ich habe erfahren, daß dein Programmdirektor ein Theater hat, und möchte gern, daß du mich ihm vorstellst, denn ich will Schauspielerin werden.« Die Vergangenheit wiederholte sich. Es war wie damals, als sie auf ihre Geburtstagsgeschenke verzichtet und mir mit unglaublicher Großzügigkeit geholfen hatte, diesen Traum zu verwirklichen.

Und du hattest vergessen, was sie für dich getan hatte?

Ich hatte es durchaus nicht vergessen. In Wahrheit war ich schlicht zu feige, sie meinem Direktor vorzustellen. Ich habe sie abgewimmelt, indem ich ihr sagte: »Fabiola, ich kann dir nicht helfen.« Darauf ist sie ganz traurig fortgegangen. Damals war ich sehr unsensibel, dachte nur an mich, doch ein Jahr später wurde mir bewußt, was ich getan hatte, und ich schämte mich ganz entsetzlich, wünschte mir, Gott möge mir eine neue Gelegenheit schenken, mein schlechtes Gewissen loszuwerden.

Und hat er sie dir gegeben?

Ja, denn Gott sieht dich zuerst das Schlimmste tun, was du in dir hast, und schenkt dir dann eine Gelegenheit, es wiedergutzumachen. Fabiola hatte schließlich ihren Wunsch, zum Theater zu gehen, aufgegeben und war Bildhauerin geworden. In diesem Beruf hatte sie großen Erfolg, da sie ein phantastisches Talent besitzt.

Als ich bereits ein in Brasilien anerkannter und bekannter Schriftsteller war, traf ich sie eines Tages in einer Bar. Sie sagte zu mir: »Es ist großartig, Paulo, deine Bücher sind ein Riesenerfolg.« Nach allem, was passiert war, schämte ich mich ganz fürchterlich und antwortete ihr, indem ich ihr in die Augen blickte: »Wie kommt es, daß du so nett zu mir bist, obwohl ich mich dir gegenüber so schändlich verhalten habe?«

Doch sie tat so, als hätte sie es nicht gehört. Ich mußte sie nicht einmal um Verzeihung bitten. Wir sprachen vor ein paar Tagen darüber, daß es die höchste Form von Seelengröße sei, es nicht nötig zu haben, jemandem zu verzeihen, weil man sich nicht gekränkt gefühlt hat, denn verzeihen bedeutet in gewisser Weise immer, sich überlegen zu fühlen, denjenigen zu erniedrigen, dem man verzeiht.

Mehr noch als dir zu verzeihen, hatte sie großzügig alles vergessen, damit du nicht beschämt wurdest.

Ohne Frage. Sie hat mir zudem noch eine Gelegenheit geschenkt, meinen Fehler wiedergutzumachen. »Mach dir wegen der Vergangenheit keine Gedanken. Vielleicht war es letztlich besser, daß ich nicht Schauspielerin geworden bin. Ich bin glücklich mit meiner Bildhauerei, und ich möchte dich um einen neuen Gefallen bitten.« Ich war ganz außer mir vor Freude und sagte zu ihr: »Bitte mich, um was du willst, dieses Mal werde ich dich nicht enttäuschen.« Daraufhin erklärte sie mir, sie träume davon, eine Skulptur zu machen und sie auf einem öffentlichen Platz in Rio aufzustellen. Ich habe ihr geantwortet: »Egal was es kostet: Ich verspreche dir, daß du diese Skulptur machen wirst, und ich werde sie bezahlen und die notwendigen Anträge machen, damit sie auf einem öffentlichen Platz stehen kann.«

Und hast du es geschafft?

Ja. Sie steht auf der Praça da Nossa Senhora da Paz. Wenn du willst, kannst du sie dort anschauen. Sie stellt zwei Kinder, uns beide, dar. Sie wollte, daß in die Skulptur eingraviert würde, daß ich sie gespendet habe. Ich habe das kategorisch abgelehnt. »Nein. Du gibst mir die Gelegenheit, eine alte Schuld wiedergutzumachen.« Dies ist eine wichtige Geschichte zum Verständnis meines Lebens, deshalb wollte ich sie dir erzählen.

Im Grunde genommen hat dir diese Frau die Gelegenheit gegeben, dich mit dem besseren Teil deiner selbst zu versöhnen, und hat dir deine negativste Seite gezeigt.

So oder so haben alle Frauen, die durch mein Leben gegangen sind, in einem kritischen Augenblick vor meiner Tür gestanden. Sie haben mich bei der Hand genommen, sie haben mich ertragen, sie haben mich einen anderen Weg einschlagen lassen.

Auch Christina, deine jetzige Frau?

Zweifellos. Wir sind seit achtzehn Jahren zusammen. Sie hat mich darin bestärkt, Schriftsteller zu werden. Sie hat mir damals vorgeschlagen: »Du willst Schriftsteller werden. Also komm, laß uns reisen!« Ihr habe ich viele wichtige Erfahrungen zu verdanken, durch sie habe ich viele interessante Menschen kennengelernt, sie war für mich stets eine wunderbare Gefährtin. Als dann der Erfolg kam, hat sie mir geholfen, einfach zu bleiben, nicht arrogant zu werden. Sie hat mich auf meinem Weg immer begleitet, sie hat niemals gegen das angekämpft, was ich suchte, sie hat mich geachtet, und wenn meine Begeisterung schwand, hat sie sie wieder angefacht, ist mir in Momenten der Schwäche eine Stütze gewesen.

Wir streiten auch manchmal, wie alle andern auch. Ich verbringe zur Zeit fast zweihundert Tage fern von ihr, dennoch fühle ich sie immer in meiner Nähe; sie kümmert sich hingebungsvoll um die Stiftung und verwirklicht sich in der Malerei, die sie so sehr liebt.

Wie habt ihr euch kennengelernt?

In einer schrecklichen Zeit, in der ich kurz davor stand, dämonisch zu werden, weil ich mit satanischen Sekten in Verbindung stand. Als sie das erste Mal in meine Wohnung kam, lag auf meinem Tisch ein Buch über den Satanismus. Auf meine Frage, was sie an dem Tag vorhabe, antwortete

sie, daß sie auf dem Platz mit den Evangelisten singen werde, denn damals gehörte sie dieser Kirche an. Ich ging mit,
hörte zu und war ganz hingerissen. Seither sind wir zusammen. Sie weiß, daß ich die Frauen liebe, aber sie quält mich
nicht, sie ist ihren Werten treu, und – da gibt es nichts zu
rütteln – wir sind aus Liebe zusammen.

Und deine anderen Frauen?

Sie alle haben sich mir gegenüber besser verhalten als ich
mich ihnen gegenüber. Von Fabiola habe ich dir schon erzählt. Meine erste Frau hieß Vera. Sie war Jugoslawin und
sehr viel älter als ich. Sie war fünfunddreißig und ich zwanzig. Sie hat mir alle wichtigen Dinge in einer Beziehung beigebracht, vom Sex bis hin zur Fähigkeit, miteinander zu
reden. Meine zweite Frau ist die, die ich die Frau ohne
Namen nenne, die, die mit mir zusammen entführt wurde
und der gegenüber ich mich, wie ich dir bereits erzählt habe,
so feige verhalten habe. Die dritte, die ich geheiratet habe,
war sehr wichtig. Sie war sehr jung, sie war neunzehn und
ich neunundzwanzig. Sie arbeitete wie ich bei Polygram.
Auch wenn ich es damals vollkommen normal fand, so weiß
ich jetzt, daß ich mich ihr gegenüber sehr schlecht verhalten
habe und sie meinetwegen traumatische Erlebnisse hatte.
Ich war damals so. Dennoch wäre ich nichts ohne diese
Frauen in meinem Leben, die sehr viel reifer waren als ich.
Selbst heute sind, einmal von Christina, meiner Frau abge-
sehen, fast alle Menschen, mit denen ich berufliche Beziehungen habe, Frauen, von meiner Literaturagentin bis hin
zu meinen Verlegerinnen und Lektorinnen. Frauen sind in
jeder Minute meines Lebens gegenwärtig.

Vielleicht, weil du dich in sie einfühlen kannst. Nicht alle Männer wecken bei den Frauen so viel Liebe. Aber wie steht es mit der Frau, dem Weiblichen, als Teil deiner Persönlichkeit?

Ehrlich gesagt, habe ich mich lange gegen diese weibliche Seite gewehrt. Der Krieger, der ich bin, liebt den Kampf, und das hat vor allem meine maskuline Seite entwickelt. Daher habe ich das Mitgefühl, die Liebe zum Leben bis zu dem Tag nicht anerkannt, an dem ich den weiblichen Teil in mir entdeckt habe, der eine wichtige Dimension ist, ohne die wir als Menschen nicht vollständig sind.

Was hat dazu geführt, daß du dir der Notwendigkeit des weiblichen Teils in dir bewußt wurdest?

Wie ich dir schon erzählt habe, war mein ganzes Leben vom Kampf gegen die Hindernisse bestimmt, die sich mir in den Weg stellten, von wichtigen Entscheidungen wie der, eines Tages die Drogen aufzugeben. Das Leben setzte sich durch. Manchmal war ich wütend auf mich selber und warf mir vor, nichts über das Leben zu wissen, über nichts die Kontrolle zu haben. Ich versuchte loszulassen, mich vom Leben tragen zu lassen. Und in diesen Augenblicken, in denen ich loslassen konnte, fühlte ich mich besser, es war so, als würde ich mich vom Leben leiten lassen, doch dann kamen die Probleme zurück, und ich merkte, daß ich mich wieder kontrollieren, erneut Entscheidungen treffen mußte, und daß es nicht ausreichte, mich vom Lebensstrom mitreißen zu lassen.

Nachdem ich von Frankreich aus den Jakobsweg gegangen war, was die prägendste Erfahrung meines Lebens war, beschloß ich, innerhalb der Traditionen der RAM – einer sehr alten spirituellen, aus der katholischen Kirche heraus entstandenen Tradition, der ich zusammen mit vier weiteren Schülern angehöre – den sogenannten »Weiblichen Weg« zu gehen. Andere nennen ihn auch den »Römischen Weg«. Er soll uns die weibliche Seite unserer Persönlichkeit offenbaren. Aus dieser Suche ist mein Buch *Brida* entstanden, die Geschichte einer Frau, die ich auf diesem Weg kennengelernt habe und deren Erfahrung meiner sehr ähnlich war. Irgendwie war Brida diese Frau, die ich in mir suchte.

Worin genau bestand dieser Weg?

Vielen mag das dumm vorkommen, aber für mich waren es siebzig unvergeßliche, entscheidende Tage. Du wanderst einfach, wohin du willst, ohne daß ein Meister dir sagt, wohin der Weg geht. Das Wichtigste war, dich an deine Träume zu erinnern. Sind den alten Überlieferungen zufolge die Träume nicht an die weibliche Seele gebunden? Am Tage mußtest du wortwörtlich das tun, was du geträumt hattest.

Du mußtest den Traum nicht interpretieren?

Es ging nicht darum, ihn zu interpretieren, sondern darum, genau das auszuleben, was du geträumt hattest. Wenn du beispielsweise von einem Busbahnhof geträumt hast, mußtest du zum nächsten Busbahnhof gehen und sehen, was dir dort passierte. Einmal habe ich nachts vom Fußball geträumt: Brasilien gegen Dänemark. Ich träumte, Dänemark würde drei zu zwei gewinnen. Als die Dänen zwei zu null führten, sagte ich: »Es muß noch ein Tor fallen.« Und es ist auch eins gefallen, das Spiel endete schließlich drei zu zwei, so wie ich es geträumt hatte, nur war das Torverhältnis umgekehrt, denn Brasilien hat gewonnen.

Und wenn du nichts geträumt hast?

Ich habe immer geträumt. Das ist ein bißchen so, wie wenn du gerade eine Psychoanalyse machst. Du träumst dann nicht etwa mehr, aber du erinnerst dich besser an deine Träume. Wenn ich meinem Meister erklärte, ich hätte nicht geträumt, sagte er zu mir: »Aber selbstverständlich hast du geträumt, man träumt immer etwas.« Ich entgegnete ihm: »Ich habe nur von einer Autowerkstatt geträumt.« Er meinte darauf: »Was erwartest du denn? Von der Heiligen Jungfrau zu träumen? Also geh zu einer Autowerkstatt und warte ab, was geschieht.«

Hattest du nie das Gefühl, dich zu irren?

Einmal, da habe ich mich wirklich geirrt, und das hat mich fast das Leben gekostet. Ich hatte von einem Namen geträumt: Gez, das ist der Name eines Berges, aber auch der einer Kapelle in einem Nachbardorf. Ich dachte, der Name bezöge sich auf diesen steilen Berg und ich müßte dahinauf klettern. Aber es ging um die Kapelle.

Warum wird er der »Weibliche Weg« genannt?

Weil du im Gegensatz zum Jakobsweg, auf dem du der RAM-Tradition zufolge vor allem deine auf Disziplin und persönliche Anstrengung gegründete Willenskraft entwickelst, auf dem »Weiblichen Weg« vor allem das Mitgefühl, die Meditation, die Nähe zu den Wurzeln des Lebens, der Erde entwickelst und entdeckst. Der Jakobsweg ist aktiver, kriegerischer. Daher sage ich oft, er sei »jesuitischer«, denn der Begründer der Jesuiten, Ignatius von Loyola, war ein Soldat. Der »Weibliche Weg« dagegen ist kontemplativer, sprich »trappistischer«, weil die Trappisten sich der Meditation und der Auslotung der inneren Abgründe widmen. Es ist eine weiblichere Religiosität als die der Jesuiten, weil die

Trappisten mit ihren Händen arbeiten und den Garten bestellen, während sie lange Meditationen machen. Die Jesuiten sind aktiver, sie sind mehr in die Kämpfe der Welt verwickelt.

Tatsächlich ist der erste Gott der Geschichte weiblich: Gäa war die Göttin der Fruchtbarkeit der Erde. Später haben die Männer, die Krieger waren, angefangen, einen männlichen Gott zu verehren. Da ist die Frau ins zweite Glied verwiesen worden, und aus Gott ist vor allem ein strenger Richtergott geworden, opferdurstig und immer bereit zu strafen.

Mir gefällt nicht, wie die Religionen Gott seines weiblichen Antlitzes beraubt haben, das aus Mitgefühl, Liebe zum Leben, zu den Menschen und den Dingen besteht. Tatsächlich ist ja die Schöpfung ein langsamer, geheimnisvoller, weiblicher Prozeß, der nicht an unsere männliche Logik gebunden ist, sondern an das Wesen des Weiblichen, weil die Frau die Beschützerin des Lebens ist und Kriege nicht mag, die die Frucht ihres Leibes töten.

Was verstehst du unter »weiblichem Erwachen«?

Das ist ein Ausdruck, der nichts mit Sexualität zu tun hat, sondern mit einem freien Denken außerhalb der konventionellen Logik. Wie du weißt, greifen viele Schriftsteller auf die Frau als symbolische Gestalt zurück, um diese Verschmelzung von Intuition und Logik zu erklären, die den Träumen sehr nahe kommt. Den Evangelien zufolge hatte die Frau von Pontius Pilatus einen Traum, den ihr Mann mit seinem logischen Denken nicht respektiert hat, und er hat einen Irrtum begangen, als er nicht auf sie hörte. In *Julius Cäsar* läßt Shakespeare die Frau des Beinahe-Kaisers sagen, daß er sich in Gefahr begäbe, wenn er an diesem berühmten Märzabend in den Senat ginge. Julius Cäsar hat logischerweise gedacht, daß eine Frau von der politischen Lage, in der er sich befand, wenig verstehen könne. Auch er irrte sich.

War deine Wiederbegegnung mit deinem weiblichen Teil einfach?

Nein, sie ging langsam und unter Schwierigkeiten vonstatten, weil wir diese vom offiziellen Wissen geschaffene Kultur ablegen müssen, die immer männlich ist und die weiblichen Werte verachtet. Als gäbe es in der Philosophie keinen andern Philosophen als Descartes. Die Mystiker zumindest betrachteten die Dinge nicht nur aus dem Blickwinkel der cartesianischen Logik heraus, nach dem Prinzip zwei plus zwei macht vier. Mit der Logik allein verlieren wir den Kontakt zum Mysterium, zu den Ausschweifungen und zur Vielfalt des Imaginären. Daher liebe ich die östliche Philosophie des Paradoxons, die nicht geradlinig, sondern im Kreis verläuft und in der etwas zugleich sein und nicht sein kann. Denn das Leben ist kein Roboter mit fertigen Antworten, sondern bleibt unvorhersehbar und kann sich von einer Sekunde zur anderen verändern.

Apropos dieses Zwei-plus-zwei-macht-vier: Mir fällt ein, daß der spanische Philosoph Fernando Savater für einen ähnlichen Interviewband zu Protokoll gab: »Die Reaktionen des Gefühls sind nicht meßbar, denn die Intelligenz spielt nur mit festen Höchstgrenzen. Zwei plus zwei macht in der Mathematik vier, während zwei und zwei Unglücke nicht einfach vier Unglücke ergeben, sondern manche Menschen sogar dazu veranlassen, aus dem Fenster zu springen.«

Großartig ausgedrückt.

Es ist unbestritten, daß unser Wissen – vor allem im Westen, weniger in den afrikanischen Kulturen – zutiefst männlich geprägt ist.

Manchmal brauchen wir physische Symbole, um etwas besser verstehen zu können, und ich liebe traditionelle Symbole wie Taube und Schlange. Oder das klassische Bild von der Jungfrau von der Unbefleckten Empfängnis mit der Schlange zu ihren Füßen. Da wäre einerseits die Tradition des Geistes, die davon ausgeht, daß nicht das Ansammeln von Wissen wichtig ist, sondern die Fähigkeit, die Sprache des kollektiven Unbewußten – der Weltenseele, *anima mundi* – zu lesen, also die Sprache der Taube. Die Tradition des Ansammelns von Wissen, der klassischen Weisheit wird dagegen durch die Schlange symbolisiert. Wir können uns nicht nur mit einem von beiden zufriedengeben, sondern müssen beide – Logik und Intuition – harmonisch miteinander vereinen. Daher gefällt mir das Bild der Heiligen Jungfrau von der Unbefleckten Empfängnis mit der Schlange zu ihren Füßen so sehr.

Leonardo Boff spricht in seinem Buch Der Adler und das Huhn *von einer afrikanischen Fabel, die auf das anspielt, was du gerade gesagt hast. Der Adler ist Teil des Mysteriums der Höhen, die in uns allen sind, selbst wenn wir sie vergessen haben, während das Huhn, das dicht am Boden fliegt, für das Konkrete beziehungsweise für die cartesianische Logik steht, in der wenig Raum ist für den Traum, für das Übernatürliche und das Unerwartete, die aber zugleich die Realität repräsentiert, die nicht außer acht gelassen werden darf.*

Das Buch von Boff ist sehr schön. In den Evangelien finden sich auch viele Beispiele, so an der Stelle, an der Jesus sagt, er sei nicht gekommen, um das Gesetz aufzuheben, sondern damit es seinem Geist gemäß eingehalten werde. Es gibt nämlich einen Punkt, an dem Gesetzestreue und Gehorsam lähmend wirken und einen daran hindern, zu leben. Trotzdem kann man nicht ausschließlich in Anarchie leben.

In einem anderen Kapitel des Evangeliums, das mir sehr imponiert, sagt Jesus zu seinen Jüngern, sie sollten im Kontakt mit ihren Mitmenschen »einfach sein wie die Taube und listig und vorsichtig wie die Schlange«. Das bedeutet, daß wir darauf achten sollen, mit beiden Beinen auf dem Boden zu stehen, konkret und objektiv zu sein, aber gleichzeitig fähig, das, was um uns geschieht, zu betrachten, uns daran zu freuen und darin die geheime Sprache zu entdecken, die sich mehr an unser Unbewußtes, an unseren weiblichen Teil, wendet als an unseren Verstand.

Du sprichst häufig von einem »weiblichen Denksystem«. Was meinst du damit?

Es ist das Gegenteil dessen, was man gemeinhin als das cartesianische Denksystem bezeichnet. Weiblich denken bedeutet, anders als auf die klassisch männlich logische Art zu denken, die so lange unser Denken, vor allem das westliche Denken, beherrscht hat.

Und noch immer beherrscht. Trotz der Kämpfe der Frau um ihre Autonomie wird der Frau im Bereich des offiziellen Wissens, des akademischen Lebens, noch wenig Raum gegeben. In Spanien gibt es beispielsweise bis heute nur eine einzige Universitätsrektorin.

Und wahrscheinlich verhält sie sich dabei männlicher als mancher Mann.

Wie die großen Politikerinnen unserer Zeit, von Golda Meir bis zu Mrs. Thatcher, die sehr männliche Frauen waren.

Das ist das Problem. Unter »weiblichem Denken« verstehe ich etwas anderes. Die Frau repräsentiert das Heilige, sie ist die weibliche Energie, sie ist es, die verhindert, daß sich zwischen dem Heiligen und dem Profanen eine Mauer erhebt, sie ist die Logik des Mysteriums, des Unverständlichen, des Wunders.

Ich habe dir davon erzählt, daß du auf dem »Weiblichen Weg« den nächtlichen Traum von einer Autowerkstatt am nächsten Morgen ausleben sollst. Darin liegt keinerlei Logik, es ist also dem Unvorhersehbaren, Neuen näher, dem, was das Sein im Innersten berührt. Das ist für mich das Weibliche.

Wir haben davon gesprochen, daß das nächste Jahrhundert weiblicher, uteriner als das sein wird, das gerade zu Ende geht, flüssiger und weniger fest. Was, meinst du, wird in naher Zukunft die Funktion der Frau sein?

Eine ganz ähnliche wie die des Mannes. Denn ich spreche ja nicht von der Frau, sondern vom Weiblichen. Nehmen wir die radikalsten feministischen Bewegungen: Sie wollten einen Teil der Macht erobern, aber um sie dann wie Männer auszuüben. Das ist nicht das Weibliche. Die Frau sollte in der Lage sein, ihre weibliche Energie und ihre männliche Energie im Gleichgewicht zu halten, ebenso wie der Mann sich darum bemühen sollte, die beiden Energien, aus denen er besteht, die männliche und die weibliche, miteinander in Einklang zu bringen.

Ich würde dir gern eine Frage stellen, über die wir Män-
ner selten sprechen. Nehmen wir einmal an, daß wir Män-
ner in uns das Weibliche entdecken sollen. Wir müssen die-
sen Anteil an Weiblichkeit annehmen, den der Machismus
geleugnet hat. Andererseits akzeptieren wir nicht, daß
Frauen den männlichen Teil suchen, der auch in ihnen ange-
legt ist. Wir wollen, daß die Frau ausschließlich feminin ist.
Das erscheint mir sehr egoistisch. Wir glauben, wir seien
nicht vollständig, wenn wir nicht unseren weiblichen Teil
ausleben, während wir den Frauen verweigern, dies mit
ihrem männlichen Teil zu tun. Findest du das gerecht?

Ich bin durchaus deiner Meinung, aber dieses Problem ist
nicht mein, nicht dein, sondern ihr Problem. Wir müssen
aufhören, uns ihnen gegenüber paternalistisch zu verhalten.
Du hast recht: Wenn wir unsere Weiblichkeit entdecken,
dann ist es nur gerecht, daß sie ihre männliche Komponen-
te entdecken, auch wenn wir sie möglicherweise lieber ausschließlich weiblich hätten. Aber diesen Kampf müssen sie
kämpfen. Sie müssen das Schwert ergreifen und kämpfen,
wir können uns nicht an ihre Stelle setzen. Wenn sie kämpfen können, werden sie entdecken, was die männliche Energie ist.

Aber es ist doch nun einmal so, daß wir es für gegeben
halten, daß die Frau nur weiblich ist und sein soll. Zudem
verlangt unsere Vorstellung von Macht in der Gesellschaft
männliche Tugenden. Wenn wir akzeptieren, daß die Frau
grundlegend weiblich ist, will heißen, daß sie der Welt des
Mysteriums, des Passiven, der höchsten künstlerischen Schaf-
fenskraft angehört, schließen wir sie automatisch von den
Posten mit Befehlsgewalt aus.

Du hast recht, doch ich glaube weiterhin, daß nicht wir, die Männer, dieses Problem lösen können. Sie, die Frauen, müssen sich dessen bewußt werden und darum kämpfen, etwas zu erreichen. So wie sie die erste feministische Revolution gemacht haben, um der Diskriminierung ein Ende zu setzen. Und um zumindest theoretisch ebenso Zugang zu den Schaltstellen der Macht zu haben wie die Männer, müssen sie jetzt die zweite Schlacht schlagen. Und wenn sie dann an der Macht sind, sollten sie sie tunlichst nicht wie Männer ausüben, denn sonst hätten wir nichts weiter erreicht, als einen Mann durch eine Frau zu ersetzen.

Wenn eine Frau einen Machtposten erlangt hat, sollte sie alles tun, um bei der Ausübung der Macht nicht ihre weiblichen Eigenschaften zu vergessen. Die Gesellschaftsstrukturen sind grundsätzlich männlich. Die Frauen sollten dieses Schema aufbrechen und mit ihrer weiblichen Kraft unterwandern, um so eine Gesellschaft aufzubauen, in der die positiven Elemente nebeneinander bestehen, die männliche Welt ebenso wie die weibliche.

6

Die Magie

>*Die Schwarze Magie ist teuflisch, weil sie dich glauben macht, du wärest allmächtig.«*

>*Ich fühle mich als Magier, weil ich jemand bin, der versucht, seine Gaben und seine Kraft zu entwickeln. So gesehen kann jeder ein Magier sein.«*

Bevor er ein berühmter Schriftsteller wurde, war Paulo Coelho als Magier bekannt, dem man besondere Kräfte zusprach, wie jene, es nach Lust und Laune regnen zu lassen. Heute zieht er es vor, als der Autor von Büchern gesehen zu werden, um deren Übersetzungen man sich auf allen fünf Erdteilen reißt. Er wollte an dieser Stelle nicht nur über seine Erfahrungen mit Drogen sprechen, sondern auch seine schmerzlichen Erfahrungen mit allen Arten von Magie offenbaren, zu der auch die schwärzeste gehörte, neben der sich die satanischen Rituale geradezu harmlos ausnehmen. Er hat die Schwarze Magie aufgegeben, als ihm klar wurde, daß der Weg ihn in den Abgrund führte. Er glaubt jedoch weiterhin an eine magische Dimension des Lebens, denn seiner Meinung nach sind wir alle fähig, die in uns schlummernden magischen Kräfte zu entwickeln und, wenn wir wollen, die verborgene Sprache der Dinge zu lesen.

Du glaubst also immer noch an eine magische Dimension im Leben?

Ganz und gar.

Und wo siehst du den Unterschied zwischen dem Magischen und der Magie?

Die Magie ist ein Werkzeug, und das Magische ist das, was dieses Werkzeug hervorbringt. Die Magie ist ein Raum, sie ist wie ein Hammer, ein Schwert, ein Werkzeug. Das Magische ist die Art, wie du dich seiner bedienst.

Fühlst du dich immer noch als Magier? Viele Menschen behaupten, du seiest früher ein Magier gewesen.

Was heißt früher? Ich bin ein Magier wie alle anderen Menschen auch. Selbstverständlich folge ich einer spirituellen, katholischen Tradition, aber ich bin überzeugt davon, daß wir alle Gaben haben, die wir nicht entwickeln, weil das offizielle Wissen, dieser leere Raum, sie nicht akzeptiert. Ich bin jemand, der versucht, seine Gaben und seine Kraft zu entwickeln – das bedeutet es, Magier zu sein, und das macht mich weder besser noch schlechter als andere Menschen.

Mir scheint, es wäre gut, wenn du genauer erklärtest, was du unter Magie verstehst, bevor wir auf deine negativen Erfahrungen zu sprechen kommen.

Diese Gespräche sind in gewisser Hinsicht ein magischer Akt, weil sie so etwas wie ein Ritual sind, in dem es nur von mir abhängt, dir etwas erzählen zu wollen und Vertrauen zu dir zu haben oder nicht. Und für mich bist du in diesem Augenblick nicht nur du, du bist alle meine Leser, du bist die Neugier, die sie alle haben. Du bist hier, um mich zu befragen, und darin liegt deine Fähigkeit. Du hast das gleiche in deinem Buch über Saramago *Die mögliche Liebe* getan, und als ich es las, fand ich dort genau die Fragen, die ich ihm als Leser gestellt hätte, um diesen großen portugiesischen Schriftsteller besser kennenzulernen. Für mich sind solche Dinge fast heilig, weil sie unser Innerstes berühren.

Aber du hast auch Erfahrungen mit der negativen Magie gemacht, der Schwarzen Magie. Welches sind deine Erinnerungen daran?

In all den stundenlangen Gesprächen war Coelho nie so angespannt und bedrückt wie in dem Augenblick, als er das Thema der Magie berührte. Es war Mitternacht, und er bat um eine Pause, bevor er sich diesem Thema widmete, denn für ihn ist diese Stunde zwischen Tag und Nacht heilig. Ihm war bewußt, daß er schmerzliche Schlüsselmomente in seinem Leben offenbaren würde, und er hatte Mühe, damit zu beginnen. Er wollte auch das elektrische Licht löschen und Kerzen anzünden.

Laß uns über deine Erfahrung mit der Magie sprechen, von der sich ja die wenigsten ein genaues Bild machen können und über die deine Leser sicher gern mehr erfahren möchten.

Ich will möglichst der Reihe nach erzählen und ein geordnetes Bekenntnis ablegen, in dem ich versuchen werde, mich selber zu sehen, während ich rede. Ich habe dir erzählt, daß ich von Jesuiten erzogen wurde, die einem eine bestimmte Gottesvorstellung einflößen. Für mich – ob für die anderen, weiß ich nicht – war dies eine äußerst negative Erfahrung, bei der ich den Glauben meiner Kindheit verlor. Jemandem einen Glauben aufzuzwingen ist der sicherste

Weg, ihn dazu zu bringen, sich aufzulehnen und auf die andere Seite überzuwechseln. Offenbar ist Fidel Castro auch in eine Jesuitenschule gegangen. Meine Rebellion gegen diese religiöse Zwangserziehung bestand darin, mich dem Marxismus zuzuwenden. Es war die Zeit der Militärdiktatur, und ich fing an, Marx und Engels zu lesen, hauptsächlich alle ihre verbotenen Schriften. Die marxistischen Schriften standen damals bei uns auf dem Index, weil sie für dämonisch gehalten wurden. Ich las alles. Ich fühlte mich atheistisch, doch dieses Gefühl hat nicht lange vorgehalten. Meine schriftstellerische Neugier ließ mich die klassischen Fragen stellen: Wer bin ich? Was mache ich hier? Wohin gehe ich? Woher komme ich? Ich weiß nicht genau, wie alt ich damals war. Es war um 1969, als die Hippiebewegung mit all ihrem Mystizismus sich in Brasilien ausbreitete.

Und du hast dich für diese Bewegung begeistert.

Ich stellte mir Fragen. Anfangs schien es mir ein probates Mittel, um der Realität zu entfliehen, weil ich von marxistischen Vorstellungen durchdrungen war und für das Volk, für die Freiheit, für die Diktatur des Proletariats und so weiter kämpfen wollte. Tatsächlich war ich voller Widersprüche, ich kämpfte für die Diktatur des Proletariats, ging zu Demonstrationen, aber gleichzeitig liebte ich die Beatles. Da war etwas in mir, was jenseits des reinen Marxismus lag und mich dazu trieb, die Beatles zu hören. Außerdem liebte ich das Theater.

Im Grunde war deine Suche eher spirituell als politisch.

Es war tatsächlich so, daß die Welt der Spiritualität mich anzog und ich sie in den abgelegensten Erfahrungen suchte, denn meine traditionelle, aufgezwungene Religiosität überzeugte mich nicht mehr. Ich habe mich auch der indischen Kosmologie zugewandt, in die ich tief eintauchte, habe alle Mantras rezitiert, deren ich habhaft werden konnte, habe angefangen, Yoga zu machen, zu meditieren, alles auszuprobieren, was mit der orientalischen Spiritualität zusammenhing.

Warst du damals ledig?

Nein, ich war mit meiner ersten Frau verheiratet, die Geld hatte, ich brauchte mich also um nichts zu kümmern und las nur. Ich habe die unterschiedlichsten Dinge gelesen, vom *Morgen der Magier* von Louis Pauwels und Jacques Bergier bis hin zu der Literatur, die aus dem historischen Materialismus hervorgegangen war. Damals lebte ich in einer Hippiekommune und kam eines Tages auf einen verrückten Gedanken. Ich dachte: Wenn ich 1928 gelebt hätte und einen Wagen gefahren hätte und in dem Augenblick Hitler dort vorbeigekommen wäre und ich ihn aus Versehen überfahren und getötet hätte, hätte ich da nicht, ohne es zu wissen, Millionen von Leben verändert? Man hätte mich ins Gefängnis geworfen, weil ich einen Mann getötet hatte. Der hätte nicht gewußt, daß er Hitler sein würde, und ich nicht, daß ich den künftigen Mörder von Millionen von Menschen getötet hatte, aber tatsächlich hätte ich mit meiner Tat eine ganze Gesellschaft, eine Epoche, eine Welt verändert. Damals habe ich angefangen, über solche Dinge nachzudenken. Ich sagte mir: So ein Wahnsinn! Ich kann nicht glauben, daß auf der Welt so etwas passieren kann, und wir wissen nichts davon. Ich habe dann, von diesen Gedanken ausgehend und unter dem Einfluß der indischen Mythologie, Erfahrungen gemacht wie alle Menschen, die sich auf die Suche nach Spiritualität begeben.

Du hast also Meister gesucht, die dich in die spirituelle Suche eingeführt haben, von der du noch nicht wußtest, was sie eigentlich war.

Genau. Das ist der Augenblick, in dem wir unsere Hoffnungen und all unser Vertrauen in jemanden legen, der uns schließlich eines Tages enttäuschen wird, uns aber an diesem Punkt der Initiation wichtig und unerläßlich erscheint, um uns bei der Hand zu nehmen und durch die Labyrinthe und Mysterien des Lebens zu führen. Ich bin damals mehreren Meistern, verschiedenen Sekten und vielen Philosophien auf den Leim gekrochen, bis mein extremistischer Geist mich dazu getrieben hat, das Mächtigste zu suchen, das, was innerhalb der spirituellen Suche sozusagen links von der Linken stand.

Wolltest du dich von deinen Freunden abheben, indem du andere Dinge suchtest?

Durchaus, aber ich hatte noch einen anderen Grund, der mir heute sehr dumm vorkommt: Ich wollte die Frauen verführen, sie mit meinem Wissen über die merkwürdigsten Dinge beeindrucken. Ich erkundigte mich, welche Geheimgesellschaft als die härteste, als das sprichwörtliche schwarze Schaf angesehen wurde. Da erzählte man mir von einer Sekte, deren Namen ich nicht aussprechen, sondern nur behelfsmäßig Gesellschaft zur Eröffnung der Apokalypse nennen möchte. Sie hatte einen großen Mentor.

Ich machte mich daran, alles zu lesen, was es über ihn gab. Ich hatte bereits eine Menge Erfahrungen gesammelt und auch gerade mit dem Schreiben angefangen und diese alternative Zeitschrift gegründet, von der ich dir erzählt habe. Ich mußte so schnell wie möglich soviel wie möglich über diese Person erfahren und habe jemanden für die Zeitschrift interviewt, von dem ich glaubte, er könne mir helfen. Ich war überrascht, daß der Mann, der eine Menge über diese Fragen wußte, kaum Bücher besaß, weil ich gewohnt war, daß Leute, die viel wußten, vor allem viele Bücher haben.

Als das Gespräch an diesem Punkt angelangt war, holte Christina, Coelhos Frau, einen Fotoapparat heraus, um ein Foto von uns zu machen. Coelho bat sie, dies nicht zu tun: »Wir sprechen gerade über Magie, und Magier messen dem Bild eine phantastische Macht zu. Castaneda beispielsweise hat sich nie fotografieren lassen. Er ist tot, und es gibt kein einziges Foto von ihm. Ich bin zwar nicht Castaneda, aber…« Christina hörte nicht auf ihn und versuchte das Foto zu machen. Es war dunkel, und das Blitzlicht hat nicht funktioniert. »Siehst du«, meinte er, »wir redeten gerade über Magie, und das Foto ist nichts geworden. Ich bitte dich, Christina, lenk mich nicht ab, ich erzähle gerade sehr intime Dinge aus meinem Leben.«

Machen wir doch mit der Person weiter, die du interviewt hast, damit sie dir etwas über diese der Schwarzen Magie zugehörige Sekte beibrachte.

Ich bemerkte, daß unsere Unterhaltung sehr fruchtbar war und die zwei oder drei Bücher, die er besaß, sehr interessant zu sein schienen. Ich habe nach ihrem Autor gefragt, und die Antwort war: Aleister Crowley. Ihr habt vermutlich schon von ihm gehört, weil er auf viele Menschen einen großen Einfluß ausübte. Ich habe jenen Mann mit meiner damaligen Frau, der Frau ohne Namen, besucht, und wir waren beide fasziniert von ihm.

Erzähl mir etwas über diese Sekte.

Es ist eine Gesellschaft, die zu Anfang des 19. Jahrhunderts entstand und deren Ziel die »totale Suche in Verbindung mit totaler Anarchie« war. Das entsprach genau dem zwanzigjährigen Jungen, der ich damals war. Ich habe schon einmal etwas über diese Erfahrung geschrieben, über meine Geschichte mit Raúl aus der Zeit vor meinem Gefängnisaufenthalt, aber Christina, meine Frau, war gegen eine Veröffentlichung. Sie hat den Text mit großem Interesse gelesen, weil sie diese Periode meines Lebens nicht kannte. Als sie fast am Ende angelangt war, schaute sie mich an wie ein Bild der Heiligen Muttergottes von der Erscheinung und sagte: »Du solltest dieses Buch nicht veröffentlichen, es spricht vom Bösen, von deiner Erfahrung mit dem Bösen.« – »Aber Christina«, hielt ich dagegen, »das ist doch nur eine tragische Erfahrung.« Sie blieb aber bei ihrer Meinung: »Es ist faszinierend, aber publiziere es nicht, es könnte falsch interpretiert werden.« Und ich habe das Buch im Computer gelöscht. Ich habe eine grauenhafte Nacht verbracht, da der Text schon fast ausgedruckt war. Und am Abend darauf sind wir mit meinem Verleger essen gegangen, und ich sagte: »Wirf einen Blick darauf, denn du bist der letzte Mensch, der es zu Gesicht bekommt.« Er sah mich an, als wäre ich nicht mehr richtig im Kopf. Ich erklärte ihm, ich würde es wegwerfen, was ich dann auch tat. Nur ein Kapitel ist erhalten, in dem ich meine Begegnung mit Raúl erzähle. Den Rest habe ich weggeworfen.

Und wie lautete der Titel?

›Die alternative Gesellschaft‹. Damit du verstehst, warum ich so fasziniert war, muß ich dir noch etwas über Crowley erzählen, der eine merkwürdige Gestalt in der Geschichte der Magie war. Wenn du im Internet sein Gesicht betrachtest, siehst du, daß es das Gesicht des Bösen ist. Crowley war ein diabolischer Mensch, eine starke Persönlichkeit, die zu einem Zeitpunkt auftauchte, als die klassische Magie ihren Niedergang erlebte und es von Geheimbünden, Freimaurern und anderen englischen Gesellschaften nur so wimmelte. Dieser Herr kommt nun daher und sagt: »Keine Geheimnisse mehr!« Und er beginnt alle Bücher zu veröffentlichen, die vorher geheim waren, und gründet seine eigene Gesellschaft. Mit ihr schafft er ein soziales, politisches und ideologisches System, das wie alle derartigen Systeme ein Schlüsselwerk besitzt wie beispielsweise *Das Kapital* oder *Das Evangelium*. Dieses Schlüsselwerk nannte er *Das Buch der Gesetze* und behauptete, es sei ihm in Kairo von einem Engel diktiert worden. Darin findet sich eine Erklärung von Prinzipien, die wie alle Arbeiten Crowleys sehr klarsichtig sind. Er entwickelt ein System, das man wie folgt zusammenfassen könnte: Es gibt die Schwachen und die Starken und das Gesetz des Dschungels. Die Schwachen sind Sklaven und die Starken mächtig und frei. Dies alles wird in einer soliden, magischen, mystischen Schreibweise dargestellt. Fasziniert und verantwortungslos wie ich war, habe ich begonnen, diese Lehren zu praktizieren, die mir sofort gute Ergebnisse lieferten. Ich bin in eine Geheimgesellschaft eingetreten, deren Namen ich nicht nennen werde, in der mir passiert ist, was ich dir gleich erzählen werde.

Auf einer der Aleister Crowley gewidmeten Internetseiten steht zu lesen: »Rätselhafte Persönlichkeit, die nicht nur in ihrer von der viktorianischen Moral beherrschten Zeit kritisiert wurde, die Crowley als den »perversesten Menschen der Welt« bezeichnete, sondern dessen Namen auch noch heute, für jene, die den Menschen und sein System kennen zu glauben, den Schein des Bösen und der Perversion trägt, und ihn ungerechterweise zu einem Schwarzen Magier oder gar zu einem Satanisten macht. Was häufig in seinen Biographien vergessen oder unterbewertet wird, ist, daß Aleister Crowley ein Mensch war, der sich einer bestimmten spirituellen Suche verschrieben hatte und in Wahrheit ein Magier im weitesten Sinne des Wortes war.«

Damals bist du dieser Sekte blind gefolgt?

Um ganz ehrlich zu sein, glaubte ich und glaubte zugleich auch nicht, ich glaubte, ohne zu glauben, obwohl es verführerisch war.

Damals kreuzte Raúl Seixas, der berühmte Sänger, der mein Leben so nachhaltig beeinflussen sollte, meinen Weg. Als wenn alles immer zur rechten Zeit geschähe. Ich habe also Raúl zu dieser Geheimgesellschaft mitgenommen, die vollkommen frei war: Es gab kein Gesetz, du konntest ein Monster oder ein wunderbarer Mensch sein. Alle konnten dort eintreten. Es herrschte völlige sexuelle Freiheit, Gedankenfreiheit, absolute Freiheit, keinerlei Verbot. Es ging darum, die Erfahrung der Macht bis an ihre äußersten Grenzen zu treiben.

Und machte dir das nicht angst?

Ich sah das alles, ohne letztlich daran zu glauben, oder

anders gesagt, ich sah nur die positive Seite. Ich war ein sehr beeinflußbarer Mensch und stellte in meinem Leben und in dem der anderen Mitglieder dieser Sekte große Veränderungen fest. Später wurde mir bewußt, daß Weiße und Schwarze Magie oftmals kaum zu unterscheiden sind. Es handelt sich um etwas ganz Konkretes wie die Tatsache, daß du in der Schwarzen Magie versuchst, in das Schicksal eines anderen einzugreifen.

Das ist die Barriere, die Grenze, und dahinter liegt der Abgrund. Du betrittst eine Kirche, zündest der Muttergottes eine Kerze an und sagst: »Ich möchte den und den Menschen heiraten.« Damit betreibst du bereits eine Form von Schwarzer Magie, obwohl du dich in einer katholischen Kirche befindest. Oder du stellst dich an eine Kreuzung und legst dort Nahrung für die Dämonen hin, um sie damit zu bitten, deinen Zustand zu bessern, weil du dich nicht wohl fühlst. Das ist Weiße Magie, weil du nicht versuchst, in das Schicksal von jemand anderem einzugreifen. Das Problem ist, ob man fähig ist, in das Leben der anderen einzugreifen, oder nicht. Aber es ist besser, du stellst mir Fragen, weil das für mich alles sehr schwierig und heikel ist.

Keine Angst. Erzähl mir die Dinge so, wie sie dir einfallen.

Alles das hatte in meinen Augen einen großen symbolischen Wert. Raúl und ich haben daraufhin beschlossen, unsere Musik in den Dienst dieser Geheimgesellschaft zu stellen. Hinter den Liedtexten standen Erklärungen der Prinzipien der Sekte, wenn auch in sehr sublimierter Form. Das waren so eine Art Mantras, technisch, präzise, perfekt: Das Böse ist sehr präzise.

Wie hast du angefangen, in alldem die Herrschaft des Bö-
sen zu sehen?

Anfangs sah ich darin keine Erfahrung des Bösen, ich sah
die Revolution, weil sich Crowley als die Eröffnung der
Apokalypse darstellte: »Ich bin das Leben, ich bin das erwartete Leben, ich bin gekommen, um die Gesellschaft zu
verändern.« Ich empfand diese Erfahrungen als gut und positiv. Und ich machte einige Rituale mit, während ich mich
anderen verweigerte, weil ich nicht auf alles verzichten wollte, was ich in meiner Kindheit angebetet hatte, wie den
Schutzengel und den heiligen Joseph.

War die Sekte stark antireligiös?

Ja, absolut. Doch ich war damals ja auch antikatholisch
und hatte den Glauben meiner Eltern aufgegeben. Allerdings hatte ich in meinem Inneren bestimmte Dinge meines
alten Glaubens niemals aufgegeben.

Wann wurde dir bewußt, daß die Sekte eine Inkarnation
des Bösen war?

Eines Tages, noch bevor ich ins Gefängnis kam – ich habe
die Telefonnummern von Zeugen, die du befragen kannst –,
war ich bei mir zu Hause, und plötzlich wurde alles dunkel.
Ich war an dem Tag mit etwas ganz Konkretem beschäftigt,
ich weiß nicht mehr, womit. »Die Frau ohne Namen« war
nicht da, und ich dachte, es müsse die Wirkung einer bestimmten Droge sein, die ich früher genommen hatte. 1974
hatte ich die Drogen bereits aufgegeben, und ich nahm nur
noch ein bißchen Kokain, aber keine Psychopharmaka mehr.

Und was ist ganz konkret mit dir geschehen?

Es war sehr früh am Morgen. Plötzlich war alles ganz
dunkel, ich hatte das Gefühl, ich würde gleich sterben. Es

war eine physische, sichtbare Dunkelheit. Das entsprang nicht meiner Vorstellung, das war ein berührbares Phänomen. Mein erster Gedanke war: Das ist der Tod.

Wie war diese Dunkelheit? Konntest du etwas sehen?

Ja, denn die Dunkelheit füllte nicht den ganzen Raum aus, nur einen Teil. Es war, als würde die Kerze, die da stand, rußen und als erfüllte der Ruß die ganze Wohnung – ein tiefschwarzer Rauch, der sich einige Augenblicke lang verdichtete und mir fast die Sicht nahm, vor allem aber ein Gefühl von Panik hervorrief.

Gab es noch andere Phänomene? Oder war da nur der Rauch?

Nein, gleichzeitig gab es noch eine Reihe von Geräuschen, die ich nicht beschreiben kann und die das Aufwallen dieses schwarzen Rauches begleiteten, und das war zweifellos das allerschlimmste.

War jemand bei dir, oder warst du allein?

Ich war allein. Die Wohnung gehörte mir, ich hielt mich für reich, ich war glücklich. Doch diese Dunkelheit, die die Hälfte des Raumes vom Boden bis zur Decke einnahm, erfüllte mich mit Schrecken und führte dazu, daß ich jegliche Kontrolle verlor. Ich geriet in Panik, denn ich spürte die Gegenwart des Bösen. Anfangs stellte ich eine Verbindung zwischen diesem Ereignis und der Frau her, mit der ich damals zusammen war. Gemeinsam hatten wir Erfahrungen mit Suggestion gemacht, dabei hatte ich für mich sehr positive Dinge erlebt, die für die anderen vielleicht nicht ganz so positiv gewesen waren.

Wie hast du angesichts dieses merkwürdigen Phänomens reagiert?

Ich kann mich nicht daran erinnern, ob ich jemanden aus der Gruppe angerufen habe oder jemand mich angerufen und mir gesagt hat, daß mit ihm das gleiche passierte wie mit mir. Da begriff ich, daß es sich um etwas Reales handelte, nicht um eine Halluzination. Zudem war diese Person diejenige, die die Sekte am besten kannte. Wir konnten den Guru nicht erreichen. Er hatte kein Telefon. 1973 war es in Rio sehr schwierig, eines zu bekommen.

Ich war vollkommen verwirrt und verschreckt. Ich versuchte zu reagieren und sagte mir: Ich muß das verdrängen, an etwas anderes denken, mich ablenken, damit die Angst weggeht. Doch die Dunkelheit war immer noch da, sie verschwand nicht. Da habe ich mich in der Not darangemacht, die Schallplatten meiner Sammlung zu zählen und danach meine Bücher. Doch die Dunkelheit ging und ging nicht weg.

Und als du damit durch warst, alles zu zählen, was du im Hause hattest, was hast du da gemacht?

Als die Angst von mir Besitz ergriff, sagte ich mir, die einzige Lösung sei, in eine Kirche zu gehen, doch es war so, als hinderte mich eine Kraft daran, das Haus zu verlassen, und ich hatte ein ganz starkes Gefühl von Todesnähe. In dem Augenblick kam die Frau, mit der ich damals zusammen war und die derselben Sekte angehörte wie ich. Und wir erfuhren allmählich, daß alle dasselbe Erlebnis durchmachten, auch Raúl. Ich spürte die Gegenwart des Bösen als etwas Sichtbares und Fühlbares. Es war, als würde das Böse zu mir sagen: »Ihr habt mich gerufen, hier bin ich.«

Wie lange gehörtest du damals jener Sekte an?

Etwa zwei Jahre. Ich erinnerte mich daran, wie bei anderen Gelegenheiten, als meine Frau und ich auf Drogen waren, Milch trinken und das Gesicht naß machen geholfen hatte. Doch in dem Moment getrauten weder sie noch ich uns bis ins Badezimmer, weil wir diese grauenhafte Dunkelheit hätten durchqueren müssen. Schließlich haben wir es doch bis ins Bad geschafft, haben unsere Gesichter genetzt und uns danach etwas besser gefühlt. Wir haben uns sogar geduscht, aber als wir wieder herauskamen, war die bedrohliche, mysteriöse Dunkelheit immer noch da. Da ist mir die ganze Religiosität meiner Kindheit wieder eingefallen. Das Problem war nicht so sehr, zu wissen, daß ich sterben würde, sondern festzustellen, daß diese geheimnisvolle Energie existierte und daß sie real, sichtbar war.

Wurde in bestimmten Ritualen dieser Geheimgesellschaft das Böse angerufen?

Immer wieder, aber dabei verstand ich unter dem Bösen die große Rebellion, nicht das Böse an sich.

Handelte es sich um eine Art satanische Gesellschaft?

Im Vergleich zu dem, was man dort erlebte, waren satanische Rituale, die ich sehr gut kannte, gar nichts. Das war viel gefährlicher.

Gefährlicher als die Kirche Satans?

Sehr viel gefährlicher, weil es sich um eine philosophischere, strukturiertere, in ihren Wurzeln viel gefährlichere Sekte handelte. Wir führten alle konventionellen Rituale der Magie durch, doch es war das Reich der puren Macht. Manchmal erzielten wir durch die Anrufung des Bösen sehr konkrete Ergebnisse, doch niemals ein so sichtbares Phänomen wie diese Dunkelheit, die meine Wohnung erfüllte.

Wem gegenüber verpflichtetet ihr euch durch diese Rituale und diese Anrufungen?

Niemandem und nichts. Wir hatten alle Macht: Das Spiel des Teufels besteht wie das des Kokains darin, dich glauben zu machen, du hättest alle Macht. Daher stelle ich das Kokain mit diesen Praktiken gleich, weil dir das Kokain die gleichen Gefühle von Herrschertum, vollkommener Sicherheit vorspiegelt. In Wahrheit bist du selbst der Sklave.

Kehren wir zu dieser Erfahrung zurück. Wie hat sie geendet?

Es war Samstag gegen zehn Uhr morgens. Ich habe schließlich die Bibel zur Hand genommen, sie irgendwo aufgeschlagen und bin auf eine Stelle im Evangelium gestoßen, an der Jesus jemanden fragt, ob er glaube. Der andere antwortet ihm: »Ja, ich glaube, doch mit Hilfe meiner Ungläubigkeit.« Ich habe diesen Abschnitt gelesen und einen Schwur getan, ähnlich dem, den ich kurz darauf in bezug auf die Drogen tat. Ich habe mir gesagt: »Für mich ist für immer Schluß mit dieser Sekte.« Und da ist alles verschwunden.

Ich habe später mit meinen anderen Freunden aus der Geheimgesellschaft gesprochen, und alle hatten das gleiche Erlebnis gehabt.

Was hast du getan, um dieser Gemeinschaft zu entrinnen, die sich deiner bemächtigt hatte?

Ich bin zu einem der Gurus gegangen und habe mit ihm gesprochen. Er hat mir erklärt, es sei ein Initiationsritual gewesen. Ich habe ihm gesagt: »Ist mir egal, ich bin für immer draußen.« Mein Meister war nicht da, daher habe ich ihm ein Telegramm geschickt. Es aufzusetzen war ziemlich schwierig, da wir uns in den Zeiten der Diktatur befanden und alles zensiert wurde. In den geheimen Annalen dieser

Geheimgesellschaft gibt es viele Hinweise auf mich, sie haben meine Briefe, meine Artikel, tausend Dinge.

Haben sie dich nie verfolgt, weil du sie verlassen hast?

Niemals. Aber ich möchte, wo Mitternacht vorbei ist, nicht weiter darüber reden. Wir werden später darüber weiterreden... Sie haben Druck auf mich ausgeübt, indem sie mir zeigten, daß ich feige war, ein Idiot, nicht wußte, was ich verlieren würde. Aber mich verfolgen, nein. Ich glaube nicht, was manchmal im Fernsehen erzählt wird, daß Sekten ihre Aussteiger bis in den Tod verfolgen. Das glaube ich nicht.

Es gibt aber offensichtlich Sekten, die das tun.

In den richtigen Sekten sind sie froh, daß du bei ihnen bist, aber wenn du gehst, geschieht nichts. Mich jedenfalls haben sie niemals verfolgt, und dennoch handelte es sich um eine der gefährlichsten und härtesten Geheimgesellschaften, die es gibt.

Trotz dieser schrecklichen Erfahrung mit der Schwarzen Magie hältst du dich noch immer für einen Magier. Befürchtest du nicht, daß dies das Bild, das man sich allgemein von einem berühmten Schriftsteller macht, trüben könnte?

Nein, denn ich verstehe unter Magie etwas ganz anderes, nämlich eine Kraft, die wir zumindest potentiell alle besitzen. Magier sein bedeutet, kognitive Fähigkeiten zu entwickeln, die vom offiziellen Wissen nicht immer akzeptiert werden. Ein Magier ist ein ganz normaler Mensch, der sich jedoch bewußt ist, daß es unter der Oberfläche der Dinge andere Realitäten gibt, andere Bewegungen, andere Strömungen.

Das, was unter dem Schein der Dinge verborgen ist, die

geheime Sprache, die sie sprechen, ist unsichtbar, aber genauso real wie die Liebe, und dennoch können wir sie nicht berühren.

Hältst du diese Dimension des Magischen für eine okkulte Macht?

Nein, ganz im Gegenteil. Der wahre Magier ist der, der wie Jesus Christus einmal gesagt hat, darum kämpfen muß, damit nichts verborgen bleibt. Seine Aufgabe besteht darin, das zu enthüllen, was die Mächtigen den Menschen zu verhehlen suchen, das Spiel zu entlarven, das gewisse Kasten spielen, um sich die Leute gefügig zu machen, indem sie ihnen eine Macht vorgaukeln, die sie letztlich zerstört.

In unserer Gesellschaft gibt es viele Menschen, die das Geheimnis nutzen, um andere zu beherrschen. Daher ist derjenige der Mächtigste, der die meisten Informationen kontrolliert. Ich habe ein Theaterstück gesehen, in dem in einem Land die Revolution ausgerufen und anschließend der zum Kulturminister ernannt wird, der zugleich der Zensor ist, weil er alles weiß, alles kontrolliert. Der wahre Magier ist derjenige, der sich nicht von den Kasten derer beherrschen läßt, die behaupten, alles Wissen der Welt zu besitzen.

Eines ist gewiß, viele Menschen fürchten sich vor der Magie.

Und sie tun recht daran, weil sie sehr gefährlich sein kann. Es ist wie mit der Atomkraft: Alles hängt davon ab, für welche Zwecke sie benutzt wird. Man kann mit ihr die Atombombe bauen oder Strom herstellen. Daher ist die Atomenergie nicht insgesamt gut, ebensowenig wie die Magie. Man muß unterscheiden können.

Auf eine Frage hast du mir noch keine Antwort gegeben.
Glaubst du an eine Personifizierung des Teufels?

Ich glaube an die Personifizierung des künstlichen Dämons.

Was meinst du damit?

Daß es einen Dämon gibt, der der linke Arm Gottes ist, und einen anderen, der das Produkt des kollektiven Bewußtseins ist, das ihn Gestalt annehmen läßt. Was ist beispielsweise das Wort? Es ist die Verkörperung eines Gedankens. Und genau so, wie du die Liebe Gestalt annehmen läßt, indem du das Wort Liebe aussprichst, kannst du den Teufel Gestalt annehmen lassen, indem du ihn anrufst. Aber in dem Augenblick, in dem du das Licht anzündest, zerstörst du ihn, denn er hat keine andere Macht als die, die du ihm gibst.

Du hast also mit eigenen Augen den leibhaftigen Teufel gesehen?

Weil ich ihm zuvor die Macht gegeben habe. Doch heute besitzt er keinen Einfluß mehr auf mich, ich habe mich ihm verweigert. Jetzt möchte ich aber über etwas anderes sprechen.

7

Die Drogen

»Es stimmt nicht, daß Drogen, wie es in den Kampagnen immer heißt, grauenhaft sind. Drogen sind schlimm, weil sie phantastisch sind.«

»Kokain ist die Droge des Teufels, weil sie dich glauben macht, daß du allmächtig bist.«

Freunde von Paulo Coelho haben immer wieder versucht, ein weiteres schmerzliches Kapitel seines Lebens zu verheimlichen: seine Drogenvergangenheit. Oder sie haben zumindest versucht, sie herunterzuspielen, als wären Drogen in seinem Leben nur ein vorübergehendes und banales Abenteuer gewesen. Coelho wehrt sich dagegen und steht zu der dunklen Phase seiner Vergangenheit, die ihn an den Rand des Todes gebracht hat. Seine Erfahrungen haben ihn dermaßen gezeichnet, daß er sich heute, was Drogen betrifft, für konservativ hält und sich gegen eine Politik der Straffreiheit von Drogen ausspricht. Aber er kritisiert auch bestimmte Antidrogenkampagnen, weil er der Meinung ist, daß es Irreführung sei, jungen Menschen gegenüber zu behaupten, Drogen seien grauenhaft. Es sei Irreführung, sagt Coelho, weil es nicht wahr sei. Drogen seien im Gegenteil äußerst gefährlich, und es sei sehr schwer von ihnen loszukommen, gerade weil sie verlockend sind. Und die jungen Menschen sollten wissen, daß eine Substanz, die so angenehme Wirkungen zeitigt, sie am Ende als willenlose menschliche Wracks zurückläßt.

Was hat dich dazu gebracht, die Drogen endgültig aufzugeben?

Man gibt Drogen nicht von einem Tag zum anderen auf. In meinem Fall ging es etappenweise. Die schlimmsten Zeiten meines Lebens, in denen ich mich allen möglichen Drogen und Halluzinogenen, auch den stärksten und gefährlichsten, hingab, habe ich in den siebziger Jahren durchgemacht. Und ich habe mich davon aus mehreren, sehr unterschiedlichen Gründen abgewandt.

Warum bist du so sehr gegen die augenblickliche Antidrogenkampagne?

Weil in dem Bereich, sowohl was Drogen als auch was Tabak betrifft, wirklich großer Unsinn gemacht wird. Meiner Meinung nach gibt es nichts Schlimmeres, als sie zu dämonisieren, sie als grauenhafte, unangenehme Substanzen darzustellen, die keinen Sinn machen. Das kann letztlich nur dazu führen, eine ganze Generation in die Arme der Drogen zu treiben.

Warum?

Weil man den jungen Menschen nur zu sagen braucht, daß Drogen etwas Schlimmes seien, um sie für sie anziehend zu machen. Ich glaube sehr an die Kraft der Rebellion, denn ohne sie würden wir nicht leben. Und die Jugend ist aus Prinzip und aus physiologischen Gründen rebellisch.

Warum hast du angefangen, Drogen zu nehmen?

Aus Rebellion, das ist es ja, weil Drogen verboten waren und alles, was verboten war, mich faszinierte.

Für mich und für die jungen Menschen der 68er-Generation waren sie eine Möglichkeit, unsere Eltern zu bekämpfen. Wir kämpften auf verschiedene Weise gegen sie, eine davon war Drogen. Ich war immer ein Mensch der Extreme, habe Halbheiten nie ertragen können, und ich bin es, Gott sei Dank, auch heute noch. Deshalb befolge ich, was in der Bibel steht: »Seid kalt oder heiß, denn wenn ihr lau seid, werde ich euch aus meinem Munde spucken.«

Ich habe dir gesagt, daß ich gern ein Krieger des Lichts bin, Kämpfe ausfechte und es mir daher schwerfällt, mir eine Welt in Harmonie vorzustellen. Die Sonne ist für mich ein Symbol dafür. Die Sonne, die unser Leben ist und uns Licht gibt, ist in Wahrheit überhaupt nicht harmonisch, sie ist eine riesige Atomexplosion, und wenn wir uns ihr nähern, sterben wir.

Du bist also aus Rebellion zur Droge gekommen, weil sie verboten war und du dich dadurch gegen die damalige Gesellschaft mit all ihren Zwängen auflehntest. Aber warum hast du sie aufgegeben?

Vor allem aus Angst. Ich war sehr weit gegangen: Kokain, Halluzinogene, LSD, Peyotl, Mescalin und verschiedene pharmazeutische Produkte. Ich habe die stärksten aufgegeben und nur noch Kokain und Marihuana beibehalten. Dennoch ist heute Kokain für mich die Droge des Teufels, es ist die satanische Energie, weil sie dich glauben macht, daß du allmächtig bist, obwohl sie dich zerstört und dir deine Entscheidungsfähigkeit nimmt.

Doch damals hast du das nicht bemerkt.

Nein, ich nahm ständig Kokain, und nichts geschah. Ich nahm es mit meinen Freunden. Merkwürdigerweise wirkte es bei mir nicht sehr stark. Ich fand es phantastisch, ich hatte das Gefühl, eine ungeheure Macht zu erlangen, es verschaffte mir das intensive Gefühl, Kraft zu besitzen, und großes Wohlbehagen.

Dennoch hast du auch sehr unter Paranoia gelitten.

O ja, als ich das dritte Mal aus dem Gefängnis gekommen bin, war meine Paranoia so groß geworden, daß es mir unmöglich war, weiter hier, in Rio de Janeiro, zu leben. Wenn ich das Haus verließ, fühlte ich mich verfolgt, wenn ich telefonierte, war ich überzeugt davon, abgehört zu werden. Ich kann mich erinnern, wie ich während der Weltmeisterschaft 1974 geglaubt habe, ich könne das Haus verlassen, weil Brasilien gegen Jugoslawien spielte. Ich stellte mir vor, alle Straßen seien leer, weil alle, auch das Militär, das Spiel anschauten und mich niemand verfolgen würde. Ich sagte mir: »Entweder gehe ich heute raus, oder ich werde das Haus in meinem ganzen Leben nicht mehr verlassen.«

Ich verließ also das Haus, die Straßen waren menschenleer. Ich spähte zu allen Ecken hin und sagte mir: »Wenn mir jemand folgt, sehe ich ihn gleich.«

Aber irgendwann war meine Paranoia so groß, daß ich nicht so weiterleben konnte. Ich beschloß daher, in die Vereinigten Staaten zu reisen. Ich habe alles aufgegeben, auch meine Freunde, ich war ihnen gegenüber sehr unloyal. Nur Raúl verstand mich, weil er dachte, wenn er meine Paranoia hätte, würde er das gleiche tun. Er wurde schließlich auch davon angesteckt, und wir beschlossen, gemeinsam nach New York zu gehen.

Und hast du dort weiter Drogen genommen?

Ja, Kokain war die Modedroge, auch wenn sie bei mir immer noch keine große Wirkung zeigte außer diesem Gefühl von Paranoia und Allmacht.

Du bist also nach New York gegangen, wo du die Gefährlichkeit der Droge in ihrer ganzen Reichweite erlebt hast.

Ja, ich erinnere mich genau daran. Es war am Tag, an dem Nixon vom Amt des Präsidenten der Vereinigten Staaten zurücktrat, am 8. August 1974. Ich hatte eine Freundin in New York, wir lebten im Village und nahmen beide jede Menge Kokain. Damals erlebte ich unglaublich intensiv das erste Mal wirklich die zerstörerische Macht dieser Droge, obwohl ich sie bereits seit einem Jahr nahm. Wir hatten vom Amtsrücktritt Nixons erfahren und erst einen Spaziergang zum Times Square gemacht und waren dann in eine Diskothek gegangen. Als wir nach Hause zurückkamen, gingen wir nicht wie sonst sofort miteinander ins Bett. Ich lag bis neun Uhr morgens wach, weil ich nicht einschlafen konnte. Da sagte ich mir: »Wenn ich so mit dem Kokain weitermache, gehe ich vor die Hunde.« Ich habe aus dem Fenster geschaut, und die Straße war leer. Es war nichts Konkretes, es war das intensive Gefühl, den Weg eingeschlagen zu haben, der mich in den Tod führte. Bis dahin hatte ich mir keine Gedanken gemacht, auch wenn ich eine Menge Freunde sah, die von den Drogen zerstört wurden. Auf mich hatten sie keine so große Wirkung. Aber an jenem Tag wurde mir bewußt, daß ich genauso enden würde wie sie, wenn ich nicht aufhörte…

Und du hast beschlossen aufzuhören.

Ja, angesichts meiner Freundin, die nackt auf dem Bett lag, habe ich einen Schwur getan, etwas, was ich nur selten tue. Ich habe mir gesagt: »Von heute an werde ich nie wieder in meinem Leben Kokain nehmen.« Und bei Drogen ist es sehr schwer »nie mehr« zu sagen.

Und hast du deinen Schwur eingehalten?

Ja, bis zum heutigen Tag. Ich habe nur noch eine Zeitlang Marihuana geraucht. Aber ich habe meinen Schwur gehalten, Kokain für immer aufzugeben. Anders ist es mit den Zigaretten; ich rauche immer noch, obwohl ich weiß, daß es mir nicht guttut. Aber Drogen, nie mehr. Deshalb ist der 8. August 1974, der Tag von Nixons Rücktritt, für mein späteres Leben so wichtig gewesen.

Am Ende hast du auch Marihuana aufgegeben.

Ja, als ich mit meiner Frau, mit Christina, in Amsterdam war. Ich hatte mit der Zeit gemerkt, daß Marihuana bei mir immer die gleiche Wirkung hatte, daß es im Grunde nichts war, daß es nicht lohnte weiterzumachen und es besser war, es aufzugeben. Von dem Augenblick an, es war im Jahr 1982, habe ich nie wieder eine illegale Droge angerührt.

Warum, glaubst du, rennen heute junge Menschen hinter Drogen her?

Aus dem gleichen Grund wie wir, denke ich, auch wenn es möglicherweise noch andere Gründe geben mag: weil die Erwachsenen sie als etwas Grauenhaftes darstellen. Nachdem sie einen Joint geraucht haben, stellen sie fest, daß das überhaupt nicht grauenhaft ist, daß sie sogar besser Liebe machen.

Was sollte man ihnen dann sagen?

Daß Drogen gefährlich sind, weil ihre Wirkungen so großartig sind, daß du nicht mehr bemerkst, wie sie dich ganz allmählich zerstören, deinen Willen auflösen, dich zu einem Automaten, einem Sklaven machen, der nicht mehr über sein eigenes Leben entscheiden kann. Deshalb sage ich, Drogen seien teuflisch: Sie sind eine Falle, eine große Lüge. Damals, als ich mit dieser Frau zusammenlebte, die mit mir zusammen entführt und gefoltert worden ist, waren wir manchmal unter Drogen. Wir waren aus der Bahn geworfen. Wir fuhren in die Vereinigten Staaten und nahmen Drogen in unseren Koffern mit, obwohl wir damit riskierten, ins Gefängnis zu kommen. Das war uns egal, wir dachten überhaupt nicht mehr nach.

Ich weiß nicht, was ich für ein Ende genommen hätte, wenn ich diesen Weg weitergegangen wäre. Wahrscheinlich wie ein paar von meinen Freunden…

Ich werde nicht müde zu sagen, daß Kokain, die Droge des Teufels und äußerst gefährlich ist. Aber die meisten Leute, die die Jugendlichen vor Drogen warnen, reden ohne eigene Kenntnis darüber. Sie haben sie nie probiert. Und daher ist, was sie sagen, heuchlerisch und unverantwortlich.

Christina wirft in das Gespräch ein, daß sie eine Antidrogenkampagne gesehen hat, in der eine Art Eidechse in die Nase eines Menschen schlüpfte und dessen Hirn verschlang. Sie hob sich von einer anderen, ernsthafteren Kampagne ab, die sie in England gesehen hatte, in der denjenigen, die Drogen nahmen, Ratschläge dazu gegeben wurden, wie sie ihnen weniger schaden könnten, solange sie sie nicht aufgegeben konnten.

Das finde ich genial. Ich muß das einem Freund erzählen, der in der Werbung arbeitet. Man darf die Jungendlichen auf gar keinen Fall betrügen. Und ich bin überzeugt davon, daß die heutigen Kampagnen, anstatt den Drogenkonsum zu bremsen, ihn im Gegenteil noch ankurbeln.

Was sagst du zu diesem Thema, wenn du gebeten wirst, öffentlich dazu Stellung zu nehmen?

Ich sage immer, daß ich gegen Drogen bin, weil ich ihre Gefährlichkeit am eigenen Leib erlebt habe. Und ich bin so sehr dagegen, daß ich mich, was sie betrifft, als konservativ empfinde: Ich bin gegen eine Entkriminalisierung der Drogen, auch wenn das wie ein Widerspruch wirken könnte, da ich gesagt habe, daß Drogen vor allem deshalb anziehend wirkten, weil sie verboten sind. Aber trotzdem, wegen meiner harten Erfahrungen, hätte ich lieber, daß sie verboten bleiben.

8

Die Bekehrung

»Die Glocken im Konzentrationslager
läuteten für mich.«

Mit vierunddreißig Jahren, nachdem er einen Großteil der Abenteuer seiner Jugend hinter sich gelassen hatte, unternahm Paulo Coelho mit seiner Frau Christina eine Reise auf der Suche nach einem neuen spirituellen Weg. Während dieser Reise hatte er an einem Ort, an dem man es nicht für möglich gehalten hätte, im Konzentrationslager Dachau, ein spirituelles Erlebnis, das ihn endgültig zum Katholizismus zurückführen sollte. Diese Offenbarung muß sehr intensiv gewesen sein, denn als er für dieses Buch davon erzählte, übermannten ihn seine Gefühle, und wir mußten das Tonbandgerät abstellen, weil er in Tränen ausbrach.

Du warst vierunddreißig Jahre alt, als du den Beschluß ge-
faßt hast ein ernsthafter, ausgeglichener Mensch zu werden.
Es waren zu viele Dinge geschehen, und ich hatte in meinem Leben zuviel Verrücktes getan. Meine »Frau ohne Namen« hatte mich verlassen. Meine dritte Ehe mit Cecilia war auch zu Ende. 1981 habe ich Christina geheiratet. Ich hatte meine Arbeit bei Polygram verloren, hatte aber keine finan-

ziellen Probleme, denn ich war Besitzer von fünf Apartments und hatte damals siebzehntausend Dollar auf meinem Bankkonto. In mir wuchs wieder eine Neugier auf etwas, was ich vollkommen aus meinem Leben verbannt hatte, worüber ich die Kontrolle verloren hatte.

Und da hast du dich wieder auf Reisen begeben.

Genau. Damals war ich mit meinem Leben unzufrieden und sagte zu Christina: »Schau, ich bin vierunddreißig, bald bin ich alt, also laß uns leben, laß uns durch die Welt reisen und den Sinn des Lebens suchen, zu Orten zurückkehren, an denen ich als junger Mann gewesen bin.« Und so haben wir uns auf eine große Reise begeben.

Wohin seid ihr gefahren?

Wir haben verschiedene Länder bereist, darunter auch Deutschland, wo Christinas Schwester lebte, die wir besucht haben, weil sie gerade ihre Tochter Paula geboren hatte. Aber auch die kommunistischen Länder. Ich hatte immer noch meine sozialistischen Vorstellungen und wollte diese Realität aus der Nähe kennenlernen. In Jugoslawien haben wir uns einen Wagen gekauft und sind von dort wieder nach Deutschland zurückgefahren. Es war eine phantastische Reise voller Abenteuer. Wir sind dann allerdings in München geblieben, weil mich die Geschichte des Nationalsozialismus immer sehr interessiert hat.

Und das ehemalige Konzentrationslager habt ihr dann in Deutschland besucht?

Ja, da ich nie eines dieser Lager gesehen hatte, war ich neugierig. Aus diesem Grunde haben wir Dachau besucht. Es war an einem Sonntag, und ich weiß nicht wieso, aber ich glaube wir sind an dem Tag zur Messe gegangen. Dann sind wir in Dachau angekommen, haben unseren Wagen abgestellt, und da war niemand. Es war Februar, null Grad, und ein eisiger Wind schnitt einem ins Gesicht. Wir sind hineingegangen. Im Museum war auch niemand, nicht einmal ein Wärter. Wir haben alles besichtigt, und ich war tief berührt.

Es stimmt, wenn man das erste Mal in eines der Lager kommt, spürt man, wie einem das Blut gefriert. Ich erinnere mich daran, wie ich die Todeszelle in Auschwitz, in Polen, besucht habe, und werde diesen Eindruck nie wieder vergessen.

Meine Eindrücke stammten nur aus Filmen, aber die Realität hat damit nichts zu tun, sie wühlt einen viel mehr auf, ist viel grauenhafter. In einem der Säle waren Menschen, die ihre Verwandten in diesem Lager verloren hatten, und das hat mich tief beeindruckt, weil das Lager zwar Vergangenheit, diese Szene aber Gegenwart war. Dann haben wir das Haus des Lageraufsehers und eine kleine Baracke besucht. All das war niederschmetternd. Beim Heraustreten links der Kontrast: üppige Vegetation, ein Bach, die alten Krematoriumsöfen.

Ich hatte nicht den Mut, in die Öfen hineinzugehen. Ich halte sie für verfluchte Schandflecke der Menschheit.

Wie entsetzlich!, habe ich damals ausgerufen, und meine Phantasie begann zu arbeiten. Ich habe mich allein in einer Toilette eingeschlossen, um über das nachzudenken, was ich gerade erlebte. Es herrschte dort ein diffuses Morgenlicht, ein totaler Kontrast.

Die Kontraste in den Konzentrationslagern, von denen du sprichst, lassen einen erschaudern. Ich kann mich daran erinnern – und werde dies Bild nie wieder vergessen –, wie in

Auschwitz neben einem verrosteten Rohr, aus dem zu den Zeiten des Grauens Wasser gekommen sein mußte, eine kleine wilde Blume wuchs, vielleicht um einen Wassertropfen herum, der dort ausgelaufen war.

Als ich wieder aus dem Bad kam, war es genau zwölf Uhr mittags. Meine Frau und ich hatten das Lager verlassen und wollten zum Auto zurück, das wir in der Nähe des kleinen Aufseherhauses geparkt hatten. Am Ende von Dachau gibt es drei Kapellen, eine katholische, eine jüdische und eine, wie ich annehme, protestantische. Wir sind zur katholischen Kapelle gegangen, haben eine Kerze angezündet und haben uns auf den Weg zum Auto gemacht. Es lag ein langer Weg vor uns, und es war schrecklich kalt.

Während ich vor mich hin ging, begannen die Glocken Mittag zu läuten. Es waren dieselben Glocken, die die Häftlinge zusammengerufen hatten.

Meine Phantasie begann zu arbeiten. Vor meinem inneren Auge entstanden Baracken voller Häftlinge, sah ich die ganze Schändlichkeit der Menschen. Ich schritt kräftig aus, um diesen Eindruck zu mildern, und irgendwann bin ich stehengeblieben und habe auf dem Dach des Aufseherhauses gelesen: »Nie wieder.« Es hat mich einen Augenblick beruhigt, daß dies nie wieder geschehen würde, weil der Mensch unmöglich diese Barbarei wiederholen konnte.

Leider stimmte das nicht.

Genau das dachte ich plötzlich: daß es keine Gewißheit gab, daß sich dies nicht wiederholen würde, daß es sich schon wiederholt hatte und weiter wiederholen würde. Ich hatte am eigenen Leib das Grauen der Folter durch einen anderen Menschen erlebt, der dich den erniedrigendsten

Qualen aussetzt, ohne daß du dich verteidigen könntest. Ich dachte an die dreckigen Kriege, an die Menschen, die in diesem Augenblick in Salvador starben. Ich dachte an die Mütter der Plaza de Mayo in Argentinien, die den gleichen Schrecken durchgemacht hatten, an die Militärs, die Unschuldige aus Flugzeugen warfen, und an alle Grausamkeiten in den Folterkammern der Diktaturen.

Und dir ist bewußt geworden, daß der Mensch immer noch genauso verrückt und elend ist.

Plötzlich ist eine Verzweiflung über mich gekommen, ein Gefühl der Ohnmacht und einer entsetzlichen Nutzlosigkeit. Ich dachte: Diese miesen Menschen lernen überhaupt nichts; wir sind dazu verdammt, die gleichen Schrecken zu wiederholen; was 1939–45 in Deutschland geschehen ist, passiert jetzt auf unserem Kontinent. Gleichzeitig dachte ich auch, daß der Mensch unmöglich keine Lehren aus der Vergangenheit ziehen kann. Und ich fing an, den Satz zu wiederholen, den ein anderer Schriftsteller einmal gesagt hatte, nämlich: »Kein Mensch ist eine Insel.« Der Satz lautet, glaube ich, richtig: »Ein Mensch ist keine Insel.« In welchem Buch hatte ich das gelesen? Ganz allmählich fiel mir der ganze Absatz wieder ein: »Wenn Europa ein Stückchen Erde verliert, wenn ein Mensch stirbt, dann sterben wir alle.« Ich weiß nicht mehr, wer der Autor ist. Ich erinnerte mich an den ganzen Absatz und auch an den letzten Satz: »Frage mich nicht, für wen die Glocken läuten, sie läuten für dich.«

Und dann merkte ich, daß ich mitten in einem Konzentrationslager stand und Glocken läuteten, und ich verstand plötzlich, wie in einer Erleuchtung, daß die Glocken für mich läuteten.

An dieser Stelle mußte ich das Tonbandgerät abstellen, weil Paulo Coelho zu weinen begann. Nachdem er sich wieder gefangen hatte, wollte er seinen Gefühlsausbruch herunterspielen, entschuldigte sich und sagte: »Wahrscheinlich habe ich zuviel getrunken.«

Und das war nichts Symbolisches, denn in dem Augenblick, in dem ich herausgefunden hatte, daß die Glocken für mich läuteten und ich auch etwas tun mußte, um den Grausamkeiten einer Menschheit Einhalt zu gebieten, die aus ihren Wahnsinnstaten nichts lernt, da hörte ich eine Stimme und sah jemanden, ich sah diese Person, und sie war sofort wieder verschwunden. Ich hatte keine Zeit, mit ihr zu sprechen, aber ihr Bild prägte sich in mein Gedächtnis ein.

Und was hast du getan?

Ich bin weinend zum Wagen zurückgegangen. Aber wie Menschen nun einmal sind, hatte ich es am Tag darauf schon wieder vergessen, wußte ich nicht mehr, für wen die Glocken geläutet hatten, hakte es als eine Erfahrung mehr in meinem Leben ab.

Aber dem war nicht so.

Nein. Zwei Monate vergingen, wir hatten unsere Reise fortgesetzt, wir logierten in Amsterdam in einem Hotel, das es nicht mehr gibt, weil es illegal war, aber es war sehr billig und phantastisch.

Dort habe ich verkündet, daß ich aufhören würde, Marihuana zu rauchen, und Christina hat dort das erste und letzte Mal LSD genommen. Es gab dort eine Bar. Ich trank mit Christina einen Kaffee, als jemand hereinkam, um auch einen Kaffee zu trinken. Ich sagte mir: »Diesen Menschen kenne ich, aber ich weiß nicht, woher.« Dann erinnerte ich mich daran, daß ich ihn im Konzentrationslager gesehen hatte. Ich bekam es mit der Angst zu tun, weil ich dachte, er könnte wegen meiner Erfahrungen aus dem Jahr 1974 hinter mir her sein, als ich Schwarze Magie betrieb. Dennoch war ich zugleich neugierig und dachte, wenn ich ihn nicht gleich ansprechen würde, könnte er weggehen und ich ihn nicht wiedersehen.

Und du hast ihn angesprochen.

Ja, ich bin aufgestanden und habe zu dem Mann gesagt: »Ich habe Sie vor zwei Monaten gesehen.« Er sah mich an und antwortete mir auf englisch: »Sind Sie verrückt?« – »Nein, ich bin nicht verrückt, ich habe Sie vor zwei Monaten gesehen«, wiederholte ich. Ich war ein bißchen durcheinander, weil das ganze Erlebnis im Konzentrationslager wieder da war. Gleichzeitig dachte ich daran, daß Sekten ihre abtrünnigen Mitglieder angeblich immer verfolgen. Und dieser Mann sagte zu mir: »Setz dich!«, und stellte mir eine Reihe Fragen. Während er mich befragte, wurde ich mir immer sicherer, daß er es war, den ich im Lager wie eine Erscheinung gesehen hatte.

Und was hat er zu dir gesagt?

Er hat zu mir gesagt: »Möglicherweise hast du mich gesehen, aber dann aufgrund eines Phänomens, das Astralprojektion genannt wird, denn du kannst mich vorher nicht gesehen haben.« Das ist etwas, was geschieht, wenn man Halluzinogene nimmt. Darauf suchte ich Vorwände, damit er nicht ging, denn ich spürte, daß er ein wichtiger Mensch in meinem Leben sein würde. Er erzählte mir weiter von Astralprojektionen und sagte am Ende: »Ich glaube, du hast

Probleme, die du noch nicht gelöst hast. Wenn du willst, helfe ich dir. Ich arbeite in einem multinationalen Konzern, ich heiße Jean; wenn du möchtest, kann ich etwas für dich tun, aber du mußt mir ganz ehrlich sagen, ob du möchtest, daß ich dir helfe, oder nicht.« Ich habe ihm gesagt, ich müsse darüber nachdenken. »Ich trinke hier immer um diese Zeit meinen Kaffee, du wirst mir morgen eine Antwort geben, aber wenn du bis übermorgen wartest, dann heißt das für mich, daß du meine Hilfe nicht willst«, meinte er darauf. »Du hast vierundzwanzig Stunden Zeit, um es dir zu überlegen.«

Ich wußte nicht, ob dieser Mensch mir gut oder böse gesinnt war. Ich war verwirrt. Ich erzählte Christina davon, habe die ganze Nacht kein Auge zugetan. Ich war vollkommen durcheinander.

Und wie hast du dich am Ende entschieden?

Ich beschloß einzuwilligen. Und da begann mit meiner Rückkehr zur katholischen Kirche eine neue Phase in meinem Leben. Dieser Mann gehörte dem katholischen Orden RAM (Rigor, Amor, Misericordia – Strenge, Liebe, Barmherzigkeit) an, der über fünfhundert Jahre alt ist. Er hat mir von der Tradition erzählt, von der Verankerung der Symbole innerhalb einer Kirche. Er hat lange Zeit im Vatikan verbracht. Damals habe ich begonnen, mich für die alte katholische Tradition der Schlange zu interessieren, bis er mich eines Tages nach Norwegen mitgenommen hat und mir diesen Ring mit den zwei Schlangenköpfen geschenkt hat, den ich immer noch trage. Ich habe angefangen die Sprache der Symbole zu lernen, die nicht die der christlichen Esoterik ist, sondern die christliche Lehre von den Symbolen.

Akzeptiert die Kirche sie?
Es handelt sich um eine sehr alte Tradition.

Genau in diesem Augenblick entdeckte Christina eine kleine Vogelfeder unter dem Eßtisch, um den herum wir saßen und uns unterhielten. Sie hob sie auf und schenkte sie ihrem Mann. »Was ist das?« – »Eine weiße Vogelfeder.« Coelho dankte seiner Frau gerührt und erklärte mir, das unvermittelte Auftauchen dieser Feder an einem unerwarteten Ort sei für ihn das Zeichen dafür, daß bald ein neues Buch von ihm herauskommen würde. Und unser Gespräch neigte sich dem Ende zu.

Dein Eintritt in den Orden RAM *hat dich mit der katholischen Kirche versöhnt, aber es handelt sich um einen wenig bekannten Orden. Hat er viele Mitglieder?*
Die Ordensmitglieder sprechen wenig darüber. Es handelt sich um einen Orden, der vor über fünfhundert Jahren innerhalb der katholischen Kirche gegründet wurde. Es wird darin über eine eher mündliche Überlieferung eine symbolische Sprache praktiziert, die jedoch nichts Geheimes hat. Der RAM ist eher die Praxis des Heiligen als eine Theorie darüber. Daher sind wir nur eine sehr kleine Gruppe.

9

Der Schriftsteller

> *»Mein literarischer Schaffensprozeß äh-*
> *nelt der Schwangerschaft einer Frau, die*
> *ein neues Wesen gebären wird.«*
>
> *»Um inspiriert zu werden, muß ich das*
> *Leben geradezu körperlich lieben.«*
>
> *»Ich schreibe für das Kind in uns.«*

Heute ist Paulo Coelho vor allem als Schriftsteller bekannt. Viele Kritiker weigern sich allerdings beharrlich, ihn als Literaten anzuerkennen, und ordnen seine Bücher der Abteilung Esoterik oder Selbsthilfe zu. Coelho fordert für sich das Recht ein, einfach zu schreiben, um ein möglichst vielfältiges Publikum zu erreichen. Er sieht sich als einen Geschichtenerzähler und ist der Meinung, seine Bücher sollten in den Buchhandlungen in der Abteilung Literatur oder Philosophie zu finden sein. Denjenigen, die anmerken, sie hätten in seinen Büchern Grammatikfehler entdeckt, entgegnet er ironisch, gewisse Kritiker hätten auch im *Don Quixote* von Cervantes welche gefunden. Keiner stellt jedoch in Frage, daß er mit bald dreißig Millionen verkauften Exemplaren zu den zehn meistverkauften Autoren der Welt zählt, obwohl er in wenigen Jahren nur knapp ein Dutzend

Bücher geschrieben und veröffentlicht hat. In gut zehn Jahren hat Coelho mehr verkauft als Jorge Amado in seinem langen Leben. In diesem Gespräch erzählt er über seinen Schaffensprozeß und behauptet, um zu schreiben, müsse er eine geradezu körperliche Liebesbeziehung zum Leben haben.

Woher rührt dein Gefühl, schreiben zu müssen?

Mir scheint, die einzige Form, andere an unserer persönlichen Liebe teilhaben zu lassen, ist die Arbeit, und meine ist das Schreiben, wie es bei einem Taxichauffeur das Autofahren ist.

Hast du Schreiben als etwas empfunden, was du unbedingt tun mußtest, oder hast du es dir selbst ausgesucht?

Es war meine Wahl, um so mehr, als ich mein ganzes Leben lang davon geträumt habe zu schreiben. Ich wollte es seit je, koste es, was es wolle, gegen jeden gesunden Menschenverstand. Ich bin dabei häufig in die Irre gegangen, aber die Disziplin, die immer meine Lebensdevise gewesen ist, hat am Ende gesiegt.

Du hast einmal gesagt, du müssest dich, um zu schreiben, mit dem Zentrum der Energie vereinigen. Was bedeutet das?

Ich greife gern auf Begriffe der Alchemie, der Weltenseele und auf solche des kollektiven Unbewußten von Jung zurück. Du verbindest dich mit einem Raum, der alles enthält.

Borges spricht häufig davon.

Borges nennt es das Aleph, den Punkt, in dem alle Dinge zusammenlaufen. Das Aleph ist ein jüdisches, kabbalistisches Motiv und der erste Buchstabe des Alphabets. Es ist der Punkt, der alles zugleich umfaßt. In Borges' gleichnamiger Erzählung gibt es einen Mann, der geht, stolpert und fällt und gelangt, ohne es zu wollen, an den Punkt des Raumes, von dem aus er alles auf einmal sieht: alle Menschen, den ganzen Wald, alle Flüsse, das ganze Universum.

Fühlst du das, wenn du schreibst?

Wenn du schreibst, gibt es Augenblicke, in denen du dich müde fühlst und nur aufgrund deiner Disziplin weitermachst, aber dann kommt ein Moment, in dem du, ohne zu wissen, wieso, mit etwas in Verbindung trittst, was dir Freude bereitet, etwas wie eine Energiequelle, und dann vergeht die Zeit rasant. Ich glaube, in diesem Augenblick des Schaffensprozesses wird der Mensch eins mit dem, was er tut, kommuniziert er mit seinesgleichen.

Das Leben besitzt für mich diese äußerst wichtige symbolische Eigenschaft, denn wir sind Symbole, wir sind nicht nur menschliche Wesen.

Du liebst das Symbol des Wassers sehr.

Möglicherweise weil ich den Atlantik und den traumhaften Copacabanastrand hier immer vor Augen habe, wenn ich arbeite oder mich ausruhe. Das Wasser ist zutiefst symbolisch, es ist eines der wichtigsten Elemente des Lebens und der Schöpfung. Am Meer gibt es diesen Augenblick des Konflikts, in dem sich die Wellen bilden. An dieser Nahtstelle zwischen Wasser und Land, in dieser abwechselnd ruhigen oder bewegten oder gar tödlichen Zone vollzieht sich die Schöpfung.

Ich habe großen Respekt vor dem Mysterium der Dinge. Ich weiß, daß Dinge geschehen, aber wir wissen nicht, warum, und diese dunkle Zone müssen wir respektieren.

Manchmal fängst du an, etwas zu schreiben, überlegst es dir dann anders und legst den Text zur Seite oder zerstörst ihn.

Das stimmt. Wenn ich anfange, weiß ich nicht, ob es gut wird oder nicht. Ich schreibe vor allem für mich selber, denn ich bin mein erster Leser. Früher gab ich meine Bücher, bevor sie veröffentlicht wurden, anderen Leuten zu lesen. Jetzt nicht mehr. Ich beiße mich allein durch. Und wenn ich merke, daß ein Text, an dem ich gerade arbeite, nicht funktioniert, dann gebe ich ihn auf. Das ist mir erst kürzlich mit einem Buch über Zigeuner passiert, das ich angefangen hatte. An einem bestimmten Punkt habe ich es aufgegeben.

Woran erkennst du, daß ein Text nicht funktioniert?

Ich stelle fest, daß er nicht ehrlich ist, daß er nicht läuft. Ich spüre das in mir.

Und wie wählst du die Themen deiner Bücher aus?

Ich bin ein meiner Zeit verbundener, politisch engagierter Schriftsteller, und meine große Suche war immer die spirituelle Suche, daher ist diese Problematik in meinen Büchern immer vorhanden. Es gab Zeiten, in denen ich glaubte, auf alle Fragen, die man mir stellte, eine Antwort geben zu können, aber inzwischen habe ich gemerkt, daß dies nicht nur unmöglich ist, sondern auch lächerlich. Ich könnte Erklärungen für alles parat haben, doch die wären von Meistern und Gurus ausgeliehen und nichts Eigenes. Die Wahrheit ist, daß wir alle ein Mysterium bleiben, und meine einzige Gewißheit ist die, daß wir das Beste von uns geben sollten. Das ist das einzige, was uns zufriedenstellen kann. Wenn du in deinem Leben nicht ehrlich bist, dann betrügst du dich selber und die anderen, doch das hält nie lange vor, denn das Reich des Bösen hat auch seine Logik.

Wie sieht der kreative Prozeß aus, der dich zu einem neuen Buch führt?

Ich werde es dir mit einem Bild erklären. Ich komme gerade aus Japan zurück, wo ich mehrere Tage lang Bücher signiert habe. Ich habe dort einen merkwürdigen Gegenstand gesehen, mit dem man Hirsche erschreckt und der mich an meinen Schaffensprozeß erinnert hat: In ein mit einem Loch versehenes Bambusrohr wird Wasser gefüllt. Wenn das Bambusrohr ganz voll ist, schießt das Wasser heraus und prallt auf etwas, was seinerseits einen heftigen Lärm produziert, der wiederum den Hirsch erschreckt. Ich habe in diesem Gegenstand ein Symbol gesehen, denn wenn wir uns ganz allmählich mit Wasser anfüllen, kommt ein Augenblick, in dem wir das Bedürfnis haben, andere teilhaben zu lassen. Wir können das Liebe oder Notwendigkeit nennen, aber in Wahrheit ist es so, daß wir, wenn wir etwas mit Begeisterung tun, dies aus dem Drang heraus tun, andere daran teilhaben zu lassen.

Und du ganz persönlich, wie füllst du dich auf?

Ohne darüber nachzudenken, wie bei einer klassischen Schwangerschaft, nachdem ich mich dem Leben in Liebe hingegeben habe, auch wenn ich nie weiß, wer der Vater ist. Zwei Jahre lang – das ist für gewöhnlich der Abstand zwischen zwei Büchern – tue ich nichts, mache ich auch keine Notizen, bin aber dem Leben ganz zugewandt. Und dann dringt irgend etwas in mich ein und befruchtet mich. Daraufhin habe ich das Gefühl, schreiben zu müssen.

Und wie fühlst du dich, wenn die »Geburt« kurz bevorsteht?

Ich fange an, mich unbehaglich oder vielmehr eher nervös zu fühlen. Dann sage ich mir: »Ich bin voll, schwanger, bereit zu gebären.«

Das heißt, du mußt offen sein, um etwas zu empfangen, und dich anschließend mit Sauerstoff anreichern, um das zu offenbaren, was in dir ist.

Das genau ist die klassische Alchemie. Sie besteht im Auflösen und Destillieren. Daher muß anschließend aufgelöst und konzentriert werden. Das ist wie der Mechanismus des Herzens und viele andere Mechanismen in der Natur.

Zwingst du dir beim Schreiben eine gewisse Disziplin auf, oder ist dir völlige Anarchie lieber?

Anarchie finde ich bei anderen Dingen wunderbar, aber beim Schreiben ist Disziplin unabdingbar. Wenn mir die Jesuiten während meiner Schulzeit etwas Positives beigebracht haben, dann war es diese Disziplin. Normalerweise überfällt mich, wenn ich mich an den Computer setze, eine Riesenfaulheit. Und ich denke dann: »Ich habe doch schon genug Bücher geschrieben, bin ein anerkannter Schriftsteller, warum muß ich dann noch mehr Bücher schreiben?« Aber das ist selbstverständlich nur eine Entschuldigung für meine Faulheit. Anfangen ist immer schwer. Irgendwann läuft es dann, doch das Schwierigste kommt, wenn du in der Mitte des Buches angelangt bist, wenn du nicht mehr die selbe Begeisterung wie am Anfang hast und das Ende noch in weiter Ferne liegt. Da geben viele Schriftsteller auf.

Hast du wie viele andere Schriftsteller beim Schreiben auch bestimmte Manien entwickelt?

Ja, eine ganze Menge. Beispielsweise darf ich meine Arbeit, wenn ich ein Buch erst einmal angefangen habe, nicht unterbrechen, keinen einzigen Tag, sonst kann ich nicht weiterschreiben. Manchmal schreibe ich deshalb, wenn ich auf Reisen bin, im Flugzeug, im Hotel. In diesem Jahr allerdings mußte ich bei *Veronika beschließt zu sterben* diesen Fluß zum ersten Mal unterbrechen, das Buch vorübergehend zur Seite legen. Gott sei Dank habe ich weitermachen können, was zeigt, daß es sogar bei Manien Ausnahmen von der Regel gibt. Eine weitere Eigenheit ist, daß ich meine Bücher hier in Brasilien, bei mir zu Hause in Copacabana schreiben muß.

Und dabei spielen fast alle deine Bücher in Spanien und keines in Brasilien.

Das ist ein weiteres Paradox. Meine Liebe zu Spanien geht auf meine frühe Kindheit zurück. Damals hatte ich ein spanisches Kindermädchen. Später hat sich dann meine ganze Phantasie auf dieses Land ausgerichtet, daher spielen viele meiner Werke in Spanien. Aber um schreiben zu können, brauche ich eine gewisse Distanz und muß in Rio sein, obwohl ich mich hier mit tausend Problemen herumschlagen muß. Ich brauche, um schöpferisch zu sein, die Beschwerlichkeit des Alltags. Außerdem fühle ich mich zutiefst als Brasilianer, deshalb brauche ich Brasilien, um zu schreiben.

Was bedeutet es für dich, Brasilianer zu sein?

Es heißt, ständig in einem Schmelztiegel zu leben, in einer auf der Welt einmaligen Mischung von Rassen, mit afrikanischen, eingeborenen, japanischen, europäischen Einflüssen. Diese tausendfache Mischung hat uns Brasilianer gelehrt, tolerant gegenüber der spirituellen Welt, der Magie zu sein, die sich durch Symbole offenbart, vor allem in der Musik, dem Tanz und der Poesie.

In Europa gibt es diese Toleranz nicht.

Es gibt sie wohl, nur habt ihr sie vergessen. Gehen wir in der Geschichte zurück: Als die Nomaden von den Bergen herabkamen, um die ersten Städte zu bauen, wer hat damals die Stelle ausgesucht? Und welche Gründe standen hinter der Wahl für einen bestimmten Ort? Es waren keine logischen Kriterien, sondern magische, außergewöhnliche. In der Zeit, als Gott noch keinen Namen hatte, weil er sich nicht an einem bestimmten Ort befand, begleitete er die Menschen auf ihren ständigen Wanderungen. Die Vielgötterei und die Namen Gottes entstanden mit der Schaffung der Stadt.

Die Stadt entsteht, als der Mensch den Ackerbau entdeckt und begreift, daß er sich ernähren kann, ohne ständig umherzuziehen. Er begreift, daß der langsame Verlauf der Zeit zwischen Saat und Ernte notwendig ist. Ähnlich verläuft meine mentale Reise als Schriftsteller. Es ist der Augenblick, in dem der Mensch sich des Zusammenhangs zwischen dem Liebesakt und der Schwangerschaft bewußt wird. Vorher, solange man über diesen Prozeß nichts wußte, wußte man auch nicht, wer der Vater war. Der Mensch begann erst ganz allmählich zu begreifen, daß es Zeit braucht, damit Dinge keimen und reifen können.

Damals begann man Tempel zu bauen, um die herum dann die Städte entstanden.

Die erste Mauer ist nicht die Stadtmauer, sondern die Mauer um den Tempel. So entstand die Priesterkaste, die Macht des Heiligen. Gott hat seither einen Namen und einen Altar und wird von einem Teil der Bevölkerung für sich beansprucht. So kam es zur Trennung zwischen dem

Heiligen – dem Tempel, wo die Macht ihren Sitz hat – und dem Profanen, der Welt vor der Mauer.

Diese Trennung dauert bis heute fort.

Die Struktur der Stadt hat sich verändert, die Transportmittel, die Gesellschafts- und Regierungssysteme ändern sich, doch das Symbol der Mauer, diese Trennung zwischen dem Heiligen und dem Profanen, besteht weiterhin. Eine Trennung, die Jesus mit dem Evangelium durchbricht. Der Samariterin sagt er, daß ein Tag kommen wird, an dem die Menschen Gott »nicht in diesem oder einem anderen Tempel anbeten werden, sondern im Geist und in der Wahrheit«. Und im Gleichnis des guten Samariters lobt er die gute Tat des Samariters, der dem Verletzten auf dem Weg geholfen hat, obwohl die Samariter die Heiden, die Menschen ohne Religion waren, während er den Leviten tadelt, der ein Mann des Heiligen, des Tempels, war.

Zur Zeit beginnen viele Menschen zu begreifen, daß sie, um das Mysterium zu genießen und es in ihr Leben einzubeziehen, diese Trennung zwischen Heiligem und Profanem aufheben müssen. Ist diese Mauer erst einmal gefallen, durchdringen sich das Heilige und das Profane. Und das geschieht in Brasilien.

Genau das ist der große Unterschied, den die Europäer immer feststellen, wenn sie mit euch Brasilianern zusammenkommen.

Und weißt du, warum? Weil dieses Durcheinander von Rassen und Kulturen den Brasilianern nicht die Zeit ließ, eine Mauer um den Altar zu bauen. In Bahía sind die afrikanischen Sklaven mit ihren Ritualen angekommen, sie haben sich mit den christlichen vermischt, und der Synkretismus entstand. Dies ist nicht immer positiv, aber besser, als wenn eine Religion die andere beherrscht. Da die Mauer, die das Heilige vom Profanen, das Magische vom Realen trennt, nicht gebaut wurde, ist das Mysterium überall eingedrungen. Das Heilige ist überall ins Profane gedrungen.

Aus diesem Grunde reagieren die Brasilianer nicht allergisch auf Geistiges und akzeptieren jede Art von Erfahrung, die von Spiritualität und Mysterium durchdrungen ist. Ich weiß nicht, ob es dir aufgefallen ist, daß die einzige Fußballmannschaft, die sich beim Einlaufen ins Stadium bei den Händen hält, um die Energie zu übertragen, die brasilianische Nationalmannschaft ist. Ronaldo kommt immer als letzter, weil er eine Hand frei haben muß, um den Boden berühren und die Energie des Platzes aufnehmen zu können.

Das ist auch der Grund, weshalb Brasilianer nicht nur gegenüber allem Religiösen und Spirituellen tolerant sind, sondern das Heilige auf allen Ebenen in ihr Leben mit einbeziehen.

Wenn du an Silvester an diesen Strand von Copacabana in Rio kommst, wirst du ein unglaubliches Schauspiel erleben. Du wirst dich inmitten von einer Million Menschen wiederfinden, alle katholisch, alle weiß gekleidet, die nach alten afrikanischen Riten Blumen ins Meer werfen. Hier bestehen die Glaubensrichtungen nebeneinander, und die Gläubigen können sie, wie die Theologen durchaus wissen, ohne Gewissensprobleme miteinander vereinbaren.

Das ist der Grund, weshalb ich sage, daß die Tatsache, daß ich Brasilianer bin, einen großen Einfluß auf meinen künstlerischen Schaffensprozeß hat. Die Menschen hier sind sehr intuitiv, schämen sich nicht, auf das Spirituelle und das Magische zu setzen, sie sind viel paradoxer als die Cartesianer, unglaublich menschlich und allen Mysterien gegenüber offen.

Hast du deshalb beschlossen, hier zu leben?

Ich habe Brasilien und ganz konkret die Stadt Rio de Janeiro gewählt, um hier zu leben, weil dies die am meisten grenzüberschreitende und lebendigste Stadt der Welt ist. Ich habe bereits gesagt, daß ich ein Mensch der Extreme bin. William Blake hat geschrieben: »Der Weg der Extreme führt zum Palast der Weisheit.« Genau das glaube ich. Daher würde ich sagen, daß ich, wenn ich ein Buch schreibe, dieses auf brasilianische Art tue, nämlich mit Leidenschaft. In Rio gibt es ruhigere Wohngegenden inmitten von Wäldern, aber ich wollte hier im Viertel von Copacabana leben, weil hier Meer und Wald direkt nebeneinander liegen. Du wirst gesehen haben, daß die Pflasterung am Rand des Strandes schwarz und weiß ist und daß hier Armut und Reichtum dicht beieinander leben. Es gibt andere, hybride Viertel. Dieses Viertel ist eines mit einer starken Persönlichkeit, es gibt meinem Geist die rechte Verfassung zum Schreiben.

Wo verbringst du eigentlich Silvester? Hier in Rio?

Nein, das wird dich wundern, aber ich verbringe das Jahresende immer in der Grotte von Lourdes.

Und wie sieht so ein Silvester dann aus?

1989 habe ich dort ganz allein meinen Geburtstag verbracht, und das war ein sehr intensives Erlebnis. Im Jahr darauf habe ich dann beschlossen, den Jahreswechsel immer mit meiner Frau Christina in der Erscheinungsgrotte zu erleben. Normalerweise ist es sehr kalt. Es sind etwa fünfzig Personen anwesend. Leute unterschiedlichster Herkunft mit ganz unterschiedlichen Gefühlen, denen die religiöse Atmosphäre eines einfachen Gebetes das Gefühl von Gemeinsamkeit gibt. Das erste Mal war ich zutiefst berührt, mich hat die Heilige Jungfrau geradezu verzaubert. Das meine ich, wenn ich von Religion als einer Form der Anbetung spreche.

Und wie feiert ihr Silvester?

Praktisch überhaupt nicht. Der Tag ist weder fröhlich noch von Trauer bestimmt. Es gibt nur das Gefühl inneren Friedens. Es regnet fast immer. Meist essen wir im Hotel zu Abend, ein einfaches Abendessen, und dann wünschen wir einander ein gutes neues Jahr. Du erlebst das Mysterium des Glaubens aus der Nähe. In einem Jahr bin ich morgens zur Grotte gegangen. Dort saß ein Mann und meditierte. Als ich abends wiederkam, war er noch immer dort. Vielleicht löste er ein Versprechen ein, ich weiß es nicht. Tatsache ist, daß in dieser Nacht in Lourdes alles sehr magisch ist und nur wenige Menschen dort sind.

Ist aber diese Dimension des Magischen nicht etwas aus der Mode gekommen in einer von Produktion, Konsum, Technologie und Globalisierung beherrschten Gesellschaft?

Dazu muß ich dir folgendes sagen: Es gibt nichts Magischeres als diese ganze Geschichte mit der Globalisierung der Märkte, der Börsen usw. Das ist Magie. Denn du willst mir doch nicht weismachen, daß die Wirtschaftswissenschaftler Genaueres darüber wissen. Sie sind verloren. Sie sind unfähig, Voraussagen zu machen, was auch immer zu planen. Die Magie kommt von den Weltmärkten, den Börsen, da braucht doch nur die japanische Wirtschaft einen Schnupfen zu bekommen, und der Rest der Welt kriegt eine tödliche Grippe. Die Wirtschaftswissenschaftler schlagen sich mit all den magischen Auswirkungen herum, von denen sie nicht wissen, woher sie kommen, und die sie auch nicht kontrollieren können.

All diese Wirtschaftsgurus, diese Hohenpriester, haben ihre Religion, ihre Dogmen, ihre Mysterien, ihre Geheimnisse, mit denen sie spielen, um die armen Sterblichen zu beeindrucken, aber in Wahrheit läßt sie diese Magie der Börsen nackt, ohne Religion dastehen.

Aber spekulierst du nicht auch an der Börse?

Nur sehr wenig. Und ich fordere den Banker immer heraus und verwirre ihn. Ich suche ihn auf und sage zu ihm: »Diese Aktien, die gerade fallen, werden steigen.« Er sagt nein. Ich versichere ihm das Gegenteil. Und wenn sie steigen, fragt er mich: »Woher wußtest du das?«, und ich antworte ihm: »Weil ich weibliche Intuition besitze, und wenn sie so stark gefallen waren, dann nur aus dem Grunde, daß sie wieder steigen mußten. Ihr sagt immer, dies sei nicht möglich, und führt dafür tausend Gründe an, aber ich lasse mich allein von der Bewegung des Meeres leiten, ich sehe, daß auf die Ebbe unweigerlich die Flut folgt.« So einfach ist das.

Es ist eine Magie, die immer mehr außer Kontrolle gerät.

Die Wirtschaftsgurus stützen sich ausschließlich auf wissenschaftliche Erhebungen; wir glauben, sie wüßten etwas, aber in Wahrheit verstehen sie überhaupt nichts, wie alle Wirtschaftswissenschaftler. Das ist wie mit der Kraft des

Guten und des Bösen. Wenn eines Tages die Kräfte des Bösen beschließen, die Währung in Brasilien abzuwerten und dessen Wirtschaft zu ruinieren, tun sie dies, und kein Wirtschaftswissenschaftler wird das wiedergutmachen, keine Regierung verhindern können. Daher spiele ich da nur selten mit. Ich zahle mein Geld auf Sparkonten ein, und das war's.

Du glaubst also an das Böse?

Gute Frage. Ich glaube an zwei Arten des Bösen, das natürliche und das künstliche Böse. Das natürliche Böse ist, weil ich Monotheist bin, der linke Arm Gottes, es sind die Dinge, die geschehen. Das künstliche Böse sind die Dinge, die wir tun und in die Zeit projizieren, denn hierbei handelt es sich um ein symbolisches Universum, das sich konkretisiert, das Realität wird. Um dem Dunkel ein Ende zu bereiten, brauchst du nur das Licht anzuzünden, denn das Dunkel leuchtet nicht.

Und du willst mir noch sagen, du mögest keine Metaphern?

Es gibt Dinge, die kann man nur bildlich erklären. Aber um auf das sogenannte Böse zurückzukommen, so benennen wir dann unerklärliche Ereignisse, die weh tun und die verletzen. Ein klassisches Beispiel dafür ist Hiob.

Laufen wir nicht letztlich Gefahr, so den Schmerz und die Ungerechtigkeit zu rechtfertigen, anstatt die Strukturen zu bekämpfen, die sie hervorbringen?

Diese Gefahr besteht immer, und sie ist ganz allgemein die der spirituellen Suche. Man muß immer wachsam bleiben. Aber ich versichere dir, daß ich niemals einem Menschen begegnet bin, der seinen spirituellen Weg ernsthaft verfolgt und der das Leiden rechtfertigt und im Rahmen seiner Möglichkeiten nicht sein möglichstes tut, um es zu bekämpfen.

Es gibt doch sicher Menschen, die sich rühmen, sehr spirituell zu sein, und im Grunde nichts tun, um diese ungerechte Welt zu verändern?

Man darf nicht verallgemeinern. Wer hat mein Leben verändert? Menschen, die mir ein leuchtendes Vorbild waren, reale Menschen, die ihre Tugend zeigen, ohne sich ihrer zu schämen. Im Evangelium heißt es, daß man keine Lampe anzündet, um sie hinter eine Tür zu stellen, sondern, damit sie das Haus erleuchtet.

Auch ich habe grauenhafte Dinge in meinem Leben gesehen, Menschen, die mich in der Welt der Magie und der Spiritualität zu manipulieren versuchten, wie auch ich in den siebziger Jahren selber versuchte, andere zu manipulieren. Doch letztlich sind die Menschen nicht so dumm, wie man glaubt, und sie wissen sehr wohl zu unterscheiden zwischen denen, die sie zum Licht, und denen, die sie ins Dunkel führen. Vor ein paar Tagen lief im Fernsehen eine Sendung über Sekten. Ich verabscheue Sekten, doch wie sie in dieser Sendung dargestellt wurden, war ein Armutszeugnis. Man hätte meinen können, wir seien alle kleine Kinder, die nicht denken können.

Um auf dich als Schriftsteller zurückzukommen: Fühlst du dich verantwortlich für das, was mit dir geschieht? Millionen Menschen lesen deine Bücher, und zwar nicht auf passive, sondern auf aktive Art.

Unser kleiner Abstecher eben war auch wichtig, um meinen Lesern das Verständnis für den Schriftsteller zu erleichtern, der ich bin, denn man schreibt aus seinen Gefühlen, aus dem heraus, was man erlebt hat. Was meine Verantwortung betrifft, so spüre ich sie durchaus, und zwar vor allem, wenn ich die Wirkung meiner Bücher sehe, und weil ich mir bewußt bin, daß ich mich in meinem Leben sehr häufig geirrt habe.

Mir ist durchaus bewußt, daß ich ein berühmter Schriftsteller bin, der auf der ganzen Welt übersetzt ist, der sehr geliebt, aber auch sehr geplündert, verabscheut und gehaßt wird, aber gegenwärtig und lebendig ist. Was ich mich als Schriftsteller in erster Linie frage, ist, ob ich mir selbst gegenüber ehrlich bin, und bislang, glaube ich, bin ich es. Und weil ich durch die ganze Welt reise, um mehrfach und an verschiedenen Orten über dasselbe Buch zu sprechen, muß ich ständig reflektieren, was ich geschrieben habe.

Und ärgert es dich, daß man in dir nicht nur einen Schriftsteller, sondern auch einen Guru oder Meister sieht?

Es ist ein Problem, ja. Manchmal beunruhigt mich der Gedanke an diese Frage, wo der Schriftsteller aufhört und der Guru anfängt, und ich frage mich, ob ich dieser Herausforderung gewachsen bin. Darin liegt viel Zündstoff. Bislang habe ich vermieden, mir eine Antwort zu geben, und habe mich darauf beschränkt, nur Schriftsteller zu sein. Ich bin Katalysator all dessen, was ich in meinen Büchern zu sagen habe.

Federico Fellini, der oft um Statements zum Zeitgeschehen angegangen wurde, schützte sich mit der Antwort: »Ich habe schon alles in meinen Filmen gesagt.«

Das ist hübsch. Ich habe mich bis heute damit geschützt, in dem ich mich auf meine Funktion als Schriftsteller beschränkt habe. Seit fünf Jahren könnte ich mein Leben damit verbringen, Vorträge und Seminare zu halten und damit ein Heidengeld zu verdienen. In Brasilien habe ich sechs Millionen Bücher verkauft, was bedeutet: Ich habe viele Millionen Leser. Ich hätte nur von jedem einen Dollar Eintritt für meine Vorträge verlangen müssen und hätte damit ein Vermögen verdient. Aber ich habe es nicht getan.

Wie nimmst du Kritiken an deinem Schreibstil auf?

Die Kritiker machen ihre Arbeit und helfen uns Schriftstellern immer. Ich habe mich nie persönlich von der Kritik verletzt gefühlt, denn ich habe mich bewußt für eine einfache, sehr direkte Sprache entschieden, damit jeder mich verstehen kann. Daher heißt es manchmal, ich könne nicht schreiben, ich sei zu simpel. Ich denke jedoch, es gibt nicht nur eine zulässige Art zu schreiben. Jeder Schriftsteller hat seine Persönlichkeit und seine Eigenheiten, und jeder schreibt für sein Publikum.

Ich lege mich nie mit meinen Kritikern an. Wenn ich ihnen begegne, bin ich freundlich zu ihnen. Nicht aus Zynismus oder weil ich diese Millionen verkaufter Bücher als einen Sieg empfinden würde, sondern aus einem ehrlichen Gefühl heraus. Meine Zärtlichkeit und Zuneigung gilt einfachen Menschen, die ebenso ehrlich wie wahrhaftig sind. Mit ihnen identifiziere ich mich.

Du bist allerdings auf bestimmte Verleger sehr sauer.

Ich werde dir erklären, warum: Anfangs hatte ich überhaupt keine Erfahrung und unterzeichnete meine Verträge nicht für ein Land, sondern für einen Sprachraum. Beispielsweise kamen meine Bücher aus England oder Irland zu einem Preis von fünfzehn Dollar nach Indien, wo der Durchschnittspreis für ein Buch drei Dollar beträgt. Indien hat eine Milliarde Einwohner. Da habe ich mich gewehrt. Ich habe verlangt, daß meine Bücher in jedem einzelnen Land veröffentlicht werden, daß sie zu einem dort üblichen Ladenpreis verkauft werden und keine importierten Luxusbücher sind. Das gleiche ist mir in Lateinamerika und in Afrika passiert. Ich war sehr böse auf meinen portugiesischen Verleger, der meine Bücher zum europäischen Ladenpreis nach Afrika ausführte. »Mario, du bist Sozialist«, sagte ich, »und glaubst nicht an Gott. Ich glaube an Ihn, aber dein sozialistisches Herz sollte begreifen, daß wir die Bücher in Afrika nicht zu diesen horrenden Preisen verkaufen können. Sie müssen in Afrika gedruckt werden.« Und jetzt gibt es die Bücher zum Beispiel in Angola in einer Volksausgabe.

Du versteckst deine eigene Bibliothek. Warum?

Ich habe dir schon gesagt, daß ich ungern mit dem hausieren gehe, was ich lese oder nicht. 1973 hatte ich eine Wohnung voller Bücher. Als ich einmal nach Hause kam, waren die Regale zusammengebrochen, und ich dachte: »Wäre ich daheim gewesen, hätten mich meine Bücher unter sich begraben.« Ich erinnerte mich an Borges, der sich angesichts seiner Bibliothek gefragte hatte: »Wie viele Bücher werde ich noch einmal lesen?« Ich habe mir die gleiche Frage gestellt: »Warum habe ich all diese Bücher, von denen ich nicht weiß, ob ich sie je noch einmal lesen werde? Wen will ich damit beeindrucken?« Da habe ich beschlossen, daß meine Bibliothek nie mehr als vierhundert Bände zählen wird, was schon eine ganze Menge ist, wenn ich sie noch einmal lesen möchte. Und ich habe sie nicht hier bei mir, sondern woanders, in einem Schrank.

*Hast du bei deinen Büchern das Gefühl, Grenzen zu über-
schreiten?*

Als Schriftsteller braucht man etwas Phantasie, die Fähigkeit, Grenzen zu überschreiten, und man muß mit den
Zwängen des traditionellen Wissens brechen. Ich bemühe
mich immer, Strenge und Mitgefühl miteinander in Einklang zu bringen, damit dieses Minimum an dadurch gewon-
nener Weisheit verhindert, daß wir Dummheiten machen.
Aber auf gar keinen Fall darf man das Kind töten, das jeder
in sich trägt. Ich denke, meine Bücher werden vor allem von
dem Kind in uns gelesen. Daher schreibe ich Geschichten,
die mir selber gefallen, ich verfasse keine philosophischen
Erörterungen oder langweiligen hochtheoretischen Abhand-
lungen. Wenn man wissen möchte, was ich über das Leben
und die Dinge denke, dann spreche ich wie mit dir jetzt.
Aber wenn ich über die Grenzen des Wahnsinns und der
Realität sprechen möchte, dann schreibe ich einen Roman
mit einer Geschichte, die mir gefällt, und all das ist in der
Geschichte. Doch die Geschichte spricht das Kind an, und
das Kind hat das Sagen, wenn es darum geht, zum Verstand
und zu den anderen Dingen zu sprechen.

*Man könnte dir entgegenhalten, daß die Suche nach dem
Kind in uns die Angst vor einer Begegnung mit unserem erwachsenen Anteil ist.*

Und was ist dieser erwachsene Anteil? Was ist Reife? Es
ist der Anfang des Niedergangs, denn wenn die Frucht reif
ist, dann ißt man sie entweder, oder sie verfault. Die Angst
vor dem Kind in uns? Was für ein Unsinn! Welcher Mensch
kann von sich sagen, er sei reif, erwachsen, er brauche nicht
an Gott zu glauben und er sei ein Vorbild für alle? Nur ein

Verrückter wird so etwas sagen. In Wahrheit entwickeln wir uns ständig, dabei reifen wir und werden mit jedem Augenblick neu geboren.

Das ist wie jene, die behaupten, keine Angst zu haben.

Genau. In einem meiner Bücher fragt eine Person, was Mut sei. Mut ist die Angst, die betet. Ich glaube sehr daran, weil derjenige, der keine Angst hat, auch keinen Mut hat. Das ist das große Paradox: Wenn ich keine Angst habe, springe ich aus dem Fenster oder lasse mich von einem Auto überfahren. Der mutige Mensch ist der, der Angst empfindet, aber sich von ihr nicht verschrecken läßt.

Wer waren die Idole deiner Jugend?

Allen voran ein Musiker, John Lennon, und ein Schriftsteller, Borges. Weil ich den großen argentinischen Schriftsteller persönlich kennenlernen wollte, bin ich eines Tages hier in Rio in den Bus gestiegen und nach Argentinien gefahren, so fanatisch war ich. Mir gelang es, seine Adresse in Erfahrung zu bringen. Ich bin mit einem Mädchen losgefahren. Wir sind bei der besagten Adresse angekommen. Man erzählte mir, er sei in einem Hotel ganz in der Nähe seiner Wohnung. Ich habe ihn gefunden und bin auf ihn zugegangen. Ich war achtundvierzig Stunden, ohne zu schlafen, gereist, um mit ihm zu sprechen, doch als ich vor ihm stand, blieb ich stumm. Ich habe mir gesagt: »Ich stehe vor meinem Idol, und Idole reden nicht.« Und habe kein einziges Wort zu ihm gesagt. Meine Freundin verstand das nicht. Ich habe ihr erklärt, daß ich eigentlich meinen Mythos nur sehen wollte, und das sei mir gelungen. Worte seien überflüssig gewesen.

Diese starke Beziehung hat dich ein ganzes Leben lang begleitet.

Zweifellos. Borges hat meine Werke stark beeinflußt. Ich liebe seine Prosa und seine Gedichte. Ich bin stolz darauf, mit ihm am gleichen Tag unter demselben Tierkreiszeichen geboren zu sein, wenn auch selbstverständlich viele Jahre später.

Magst du lieber seine Prosa oder seine Gedichte?

Ich liebe alles, was er geschrieben hat. Seine Gedichte habe ich tausendmal gelesen, viele kenne ich sogar auswendig. Soll ich dir eines seiner Sonette auf spanisch rezitieren?

Laß hören.

Hör dir beispielsweise dieses an:

> Ya no seré feliz. Tal vez no importa.
> Hay tantas otras cosas en el mundo;
> Un instante cualquiera es más profundo
> Y diverso que el mar. La vida es corta,
>
> Y aunque las horas son tan largas, un
> Oscura maravilla nos acecha,
> La muerte, ese otro mar, esa ortra flecha
> Que nos libra del sol y de la luna
>
> Y del amor. La dicha que me diste
> Y me quitaste debe ser borrada;
> Lo que era todo tiene que ser nada.
>
> Sólo me queda el goce de estar triste,
> Esa vana costumbre que me inclina
> Al Sur, a cierta puerta, a cierta esquina.

Ich werde nicht mehr glücklich sein. Vielleicht macht
das nichts.
Es gibt so viele andere Dinge auf der Welt;
Jeder Augenblick ist tiefer
Und vielfältiger als das Meer. Das Leben ist kurz,

Und dennoch sind die Stunden so lang, ein
Dunkles Wunder belauert uns,
Der Tod, dies andere Meer, dieser andere Pfeil,
Der uns von Sonne und Mond befreit

Und von der Liebe. Das Glück, das du mir gabst
Und mir genommen hast, gelöscht soll es werden;
Was war, muß nunmehr nichts sein.

Mir bleibt allein die Lust, traurig zu sein,
Diese eitle Gewohnheit, mich dem Süden zuzuneigen,
Zu einer gewissen Tür, zu einer gewissen Straßenecke.

Coelho hat dieses Gedicht, ohne zu stocken, fehlerfrei in
perfektem Spanisch rezitiert. Das Sonett trägt den Titel
1964 (II). Er hat die Prüfung mit Auszeichnung bestanden.

*Wo möchtest du deine Bücher in einer Buchhandlung fin-
den?*
Die einen in der Abteilung Literatur, die anderen in der
Abteilung Philosophie, aber nicht in der Abteilung Esoterik. Das sage ich, ohne mich zu schämen, voller Stolz.
Was für ein Leser bist du?
Meine Beziehung zu Büchern ist magisch, und auch da
habe ich meine Manien. Im Augenblick lese ich nur Bücher,
die ich kaufe, niemals welche, die mir geschenkt werden.

Täglich bekomme ich etwa zwanzig Bücher, und ich schlage sie nicht einmal auf.

Du bringst dich so vielleicht um ein wunderbares Buch.

Wenn es wirklich ein gutes Buch ist, werde ich davon am Ende erfahren. Dann gehe ich in eine Buchhandlung und kaufe es. Ich finde, ein Schriftsteller sollte seine Bücher nicht verschenken. Mir schickt kein Schuhfabrikant Schuhe, warum sollte man mir Bücher schenken?

Sage nicht, daß du niemals eine Ausnahme machst. Du hast doch sicher schon Bücher von dir verschenkt und eines gelesen, das dir zugeschickt wurde. Du hast mir zum Beispiel einen Brief gezeigt, in dem der brasilianische Armeeminister dir dafür dankt, daß du ihm das Handbuch des Kriegers des Lichts *geschickt hast, das ihm sehr gefallen hat.*

Selbstverständlich gibt es Ausnahmen. In jenem Fall hatte mich der Minister persönlich darum gebeten, sonst hätte ich es ihm niemals geschenkt.

Du hast aber mein Buch über die Gespräche mit José Saramago, Die mögliche Liebe, *gelesen, das ich dir geschickt hatte?*

Ich habe es gelesen, und zwar mehr als einmal, doch das ist etwas anderes. Zum einen hattest du vor, ein ähnliches Buch mit mir zu machen, zum anderen war ich sehr neugierig, einen so renommierten, erfolgreichen Schriftsteller wie Saramago kennenzulernen. Mit deinem Buch *Ein Gott für den Papst* erging es mir ebenso. Ich wußte nicht einmal, daß es in den Buchhandlungen verkauft wurde. Man hatte mir aus Madrid davon berichtet, und da habe ich dich darum gebeten, weil mich die Psyche des Papstes Wojtyła interessierte. Doch normalerweise will ich ein Buch schon aus Respekt vor dem Autor nicht geschenkt bekommen, sondern möchte es mir kaufen.

Das Instituto Paulo Coelho kauft doch auch manchmal Bücher, um sie zu verschenken?

Das stimmt, meine Stiftung hat zwölftausend Exemplare meiner Bücher gekauft, um sie an Gefängnisbibliotheken, Krankenhäuser und so weiter zu schicken. Der Verleger hat sie mir zum Selbstkostenpreis angeboten, aber ich habe darauf bestanden, sie zum Ladenpreis zu erstehen, als würde ich sie in einer Buchhandlung kaufen.

Eine kleine Nichte von Coelho war bei dieser Unterhaltung zugegen. Er gesteht, daß er ihr einmal eines seiner Bücher geschenkt hat, und fragt sie nun: »Hast du es gelesen?« Sie verneint. Ihr Onkel tat so, als sei er ihr böse: »Was? Du hast einen Onkel, der überall auf der Welt gelesen wird, und du liest seine Bücher nicht? Ich bin sicher, du hättest es gelesen, wenn du es von deinem Taschengeld gekauft hättest.« Meine Lebensgefährtin gibt Coelho, um ihn liebevoll zu provozieren, am Nachmittag einen ihrer Gedichtbände mit der Aufforderung: »Ich schenke ihn dir, damit du ihn in den Mülleimer wirfst.« Coelho umarmt sie lächelnd und entgegnet: »Nein, du mußt es mir widmen.«

Inwieweit kommst du in deinen Büchern vor?

Im Grunde bin ich alle Personen meiner Bücher. Die einzige Person, die ich nicht bin, ist der Alchimist. Denn der Alchimist weiß alles, während ich weiß, daß ich nicht alles weiß, von vielen Dingen keine Ahnung habe. Im *Alchimisten* bin ich natürlich der Hirte, der Kristallhändler und sogar Fatima. In den anderen Büchern bin ich immer die Hauptperson. Ich bin beispielsweise Brida. In zwei Büchern bin ich ganz und gar ich: in *Die Walküren* und in *Auf dem Jakobsweg*. Das sind wahre Geschichten, die ich erlebt habe. Sogar *Veronika beschließt zu sterben*, mein letzter Roman, ist letztlich eine literarische Aufbereitung meiner traumatischen dreimaligen Internierung in einer psychiatrischen Anstalt.

Empfindest du dich als einen Schriftsteller, der sich auf einer Wanderung befindet?

Alle Schriftsteller müssen in Bewegung sein, zumindest innerlich. Proust hat physisch nicht häufig den Ort gewechselt, aber auch er ist viel gereist. Alle großen Klassiker der Literatur sind Berichte langer Reisen von der Bibel bis zur *Göttlichen Komödie,* vom *Don Quixote* bis zur *Ilias.* Es geht immer um die Suche nach Ithaka als der Metapher von Geburt und Tod, diese große Reise, die wir alle machen müssen, ob wir nun wollen oder nicht.

10

Die Leser

*»Meine Leser sind in erster Linie meine
heimlichen Verbündeten.«*

»Ich schreibe für das Kind in uns.«

Paulo Coelho hat Millionen Leser auf allen Kontinenten
und in fast allen Sprachen. Obwohl er Tausende von Briefen und Botschaften erhält, ist es nicht einfach, das Profil
der typischen Coelho-Leserin oder des typischen Coelho-
Lesers zu erstellen, so unterschiedlich sind sie. Bekannt ist
jedoch, daß sich der Autor seinen Millionen von Lesern
gegenüber eher als Freund denn als Meister empfindet, vor
allem aber als jemanden, der sie versteht. Bei seinen Lesereisen um die Welt zeigt sich, welche Gefühle ihm seine
Leser entgegenbringen. Er erfährt dann, wie groß die Begeisterung ist, die nicht nur seine Bücher, sondern er selber
hervorruft. In unserem Gespräch berichtet er von bewegen-
den, magischen und überraschenden Begegnungen.

Sprechen wir über deine Leser.
  Dazu möchte ich vor allem sagen, daß meine Beziehung
mit dieser riesigen Menge anonymer Leser eine sehr intensive Beziehung ist, aber keine Beziehung zwischen Meister

und Schüler oder zwischen dem klassischen Autor und seinen Lesern.

Wie sieht diese Beziehung dann aus?

Es ist, obwohl wir uns nicht kennen, eine Beziehung wie zwischen Freunden, als würde ich mit ihnen etwas ganz Eigenes teilen – etwas ganz Eigenes, das aber auch allen gehört und das Beste in jedem von uns ist.

Magst du mir den letzten Brief zeigen, den du erhalten hast?

Er ist sehr interessant, er stammt von einem jungen Mann, der mir darin ein Foto schickt, auf dem wir beide sind. Wir sind uns bei einer Buchpräsentation in England begegnet. Der Brief ist sehr feminin, mit Zeichnungen. Er schreibt, daß er Portugiesisch studiert und nachts von Engeln träumt. Er möchte, daß ich ihm das Foto signiere. Ich kann mich an nichts erinnern, aber er erzählt mir, wo wir uns begegnet sind und wie bewegend das war. Er erzählt mir auch vom *Alchimisten*.

Solche Briefe bekomme ich zu Tausenden, manchmal sind sie acht oder zehn Seiten lang. Mit wenigen Ausnahmen stammen sie von einfachen Lesern, denn die sogenannten wichtigen Leute schreiben nicht.

Glaubst du, daß du mehr weibliche als männliche Leser hast?

Anfangs waren es vor allem weibliche Leser, aber das hat sich geändert. Bei meinen ersten Vorträgen waren neunzig Prozent des Publikums Frauen und zehn Prozent Männer. Jetzt ist das Verhältnis sechzig Prozent Frauen und vierzig Prozent Männer. Die haben keine Angst mehr, ihre Gefühle zu zeigen, und stellen sich genauso wie die Frauen in die

Reihe, damit ich ihr Buch signiere. Ich glaube, das Verhältnis wird bei den Lesern ähnlich sein. Genau weiß ich es allerdings nicht.

Erlebst du manchmal Überraschungen?

Ja, häufig. Manchmal begegne ich Menschen, von denen ich nie gedacht hätte, daß sie meine Bücher lesen. Daher glaube ich, daß meine Leser aus ganz unterschiedlichen Welten kommen. Ich stelle aber fest, daß sie eine starke Beziehung zu mir haben. Es spielt dabei keine große Rolle, ob man gut oder weniger gut schreibt, durch die Bücher entsteht eine Art geschwisterliche Verbundenheit, ein großes inneres Einverständnis.

Wenn ich mir vorstelle, wie meine Leser ihr Haus verlassen, einen Bus nehmen, in eine Buchhandlung gehen und oft warten müssen, um eines meiner Bücher kaufen zu können, weil viele Leute im Laden sind, dann beeindruckt mich das irgendwie.

Was, glaubst du, ist der Grund für deinen Erfolg bei deinen Lesern?

Wenn sie eines meiner Bücher lesen, dann sagen sie sich ganz bestimmt: »Das Buch hätte ich auch schreiben können, er schreibt über Dinge, die ich einmal wußte, die ich aber wieder vergessen habe.« Wir nennen das das kollektive Unbewußte. Ich glaube, meine Bücher sind mit einem mysteriösen Schaffensprozeß verbunden, der viel Weibliches hat.

Was ist diese weibliche Seite?

Das ist der Teil, der, wie wir schon zuvor gesagt haben, keine Mauer zwischen dem Heiligen und dem Profanen hochzieht, sondern die Intuition und die magische Dimension des Lebens zu nutzen weiß und das Paradox in seinem Alltagsleben anwendet.

Glaubst du, daß du für die jungen Menschen heute das bist, was Castaneda für die 68er Generation bedeutete?

Im Prolog zum *Jakobsweg*, meinem ersten Buch, erwähne ich Castaneda und identifiziere Petrus mit Don Juan, doch ich empfinde mich nicht als jemand, der sein Werk fortführt. Gerade auf dem Jakobsweg habe ich die wichtigste Lektion meines Lebens gelernt: Das Außergewöhnliche gehört nicht wenigen Privilegierten und ein paar Erwählten, sondern es steht allen offen, auch den ganz einfachen Menschen.

Das einzige, was ich sicher weiß, ist, daß wir alle die Offenbarung von Gottes Göttlichkeit sind. Bei Castaneda dagegen sind allein die Erwählten fähig, in das Mysterium einzudringen. Ich sage immer, daß er mein Leben verändert hat. Als er im April 1998 starb, habe ich ihm meine Kolumne in der Zeitung ›O Globo‹ gewidmet.

Wenn ich es richtig verstehe, war der Jakobsweg für dein zukünftiges Leben sehr bestimmend.

Zweifellos. Ich habe dort etwas Durchgreifendes erlebt. Als ich den Pilgerweg begann, dachte ich, nur die Erwählten könnten ihr Schicksal finden, in die Mysterien des Geistes eindringen. Aus diesem Grunde habe ich auf halbem Wege eine heftige Krise durchgemacht.

Es gibt Leute, die daran zweifeln, daß du den Weg tatsächlich gegangen bist und es so lange gedauert hat.

Ich weiß. Aber die haben mein Buch nicht gelesen, das von dieser Erfahrung erzählt. Sonst würden sie das nicht sagen. Ich hätte diese Pilgerwanderung unmöglich so eindringlich beschreiben können, wenn ich diesen Weg nicht gegangen wäre. Und vor allem hätte der Jakobsweg mein Leben nicht derartig umgekrempelt.

Anschließend hast du in Madrid gelebt.

Ein paar Monate lang. Ich habe mir jeden Stierkampf angesehen. Ich habe diese paar Monate als sehr glücklich in Erinnerung, weil ich nichts tat und weil ich nicht die Absicht hatte, erwählt zu werden. Ich glaube nicht mehr daran, daß der Schmerz heilig ist, daß, was kompliziert ist, weise ist, und was sophisticated ist, guten Geschmack verrät. Und ich habe diese idiotische Vorstellung abgelegt, daß die Dinge um so wichtiger sind, je komplizierter und schwieriger sie sind.

Der Jakobsweg hat alles umgestoßen.

Und ich möchte, daß meine Leser das wissen. Diese Erfahrung hat mich mit den einfachen Menschen in Kontakt gebracht, und ich stellte fest, daß sie voller Weisheit waren, und das hat meine Vorstellungswelt erschüttert. Ich werde beispielsweise nie den jungen Mann vergessen, den ich in der Bar eines kleinen Ortes kennengelernt habe. Er war ungebildet, wußte ganz bestimmt nicht, wer Proust war, aber er hat mir so phantastische Dinge über das Leben gesagt, daß ich einfach sprachlos war. Ein anderer hat mir, ohne ein Wort zu sagen, mit einer einfachen Geste Zuwendung und Hilfe zuteil werden lassen, wie ich sie in meinem Leben mit all meiner Religiosität, trotz all meines Wissens und meiner spirituellen Suche nie zustande gebracht habe.

Und du bist verändert zurückgekehrt.

Es war eine radikale Veränderung, eine hundertachtziggradige Kehrtwendung. Damals drängte sich mir der Gedanke auf, über diese Dinge für die gewöhnlichen Menschen zu schreiben, die sogenannten Ungebildeten, die uns eine großartige, verborgene Weisheit voraushaben. Was ich auf dieser Pilgerwanderung begreifen durfte, war, daß die Schönheit in der Einfachheit liegt. Daher ist meine Wohnung, wie du selber feststellen kannst, denkbar einfach eingerichtet. Sie ist fast leer. Nur dort hinten, am anderen Ende des Wohnzimmers steht eine Blume. Das ist schön, weil nichts weiter da ist. Die Einfachheit ist die größte Schönheit.

Da wir gerade über einfache Menschen sprechen: Wußtest du, daß die konservativen katholischen Theologen die Erscheinungen der Heiligen Jungfrau aus einem sehr merkwürdigen Grund nicht anerkennen: Wenn die Jungfrau der Menschheit etwas zu sagen gehabt hätte, hätte sie sich nicht so einfacher und unwissender Mädchen bedient wie derer, die die Visionen in Lourdes und Fátima empfangen haben.

Als wenn Jesus Christus ein großer Gelehrter seiner Zeit gewesen wäre! Was er ja nicht war. Er umgab sich nicht mit Gelehrten, sondern mit eher unwissenden Fischern, um seine Wahrheit zu verkünden. Mir fällt dazu eine interessante Science-fiction-Geschichte mit dem Titel *Die schwarze Wolke* ein. Es geht darin um eine Wolke, deren Weisheit das Universum und die Galaxien verschlingt. Diese Wolke ist die vollkommene Weisheit und steht kurz davor, auch die Erde zu verschlucken. Den Menschen gelingt es, in Kontakt mit der Wolke zu treten, und sie teilen ihr mit, daß es auf der Erde intelligentes Leben gebe und sie sich woandershin wenden solle. Aber die Menschen sagen ihr auch: »Bevor du gehst, übermittle all dein Wissen der Erde, denn du weißt so viel. Suche dir den gelehrtesten Menschen aus und schließ dich mit ihm zusammen.« Die schwarze Wolke schließt sich mit diesem Gelehrten kurz, der im Augenblick des Kontaktes eine Gehirnblutung erleidet. Doch bevor er im Krankenhaus stirbt, sagt er zu dem Menschen, der sein Zimmer saubermacht, die Wolke habe sich geirrt, sie hätte ihn aussuchen sollen.

Und warum?

Ganz einfach, weil der Gelehrte schon sein eigenes Universum geschaffen hatte, und als die Wolke kam, wurde es für ihn derart kompliziert, daß er daran zugrundeging. Der andere Mensch aber hätte sie mit seiner gewöhnlichen, vorurteilslosen Intelligenz freudig und ohne Probleme empfangen können. *Die schwarze Wolke* von Fred Hoyle ist ein Science-fiction-Klassiker. Und sie illustriert genau, was ich meine, wenn ich über die Leser rede, für die ich schreibe. Ich schreibe für das Kind in uns. Es ist ein Vorurteil, unschuldig mit kindisch gleichzusetzen, als würde die Unschuld die Menschen verdummen. Nein, es gibt Unschuld im Erleben von Begeisterung, von Überraschung, vom Abenteuer. Vor allem Kinder erleben die Dinge so. Das meint Jesus, wenn er im Evangelium davon spricht, daß er die Kinder seine Weisheit lehren will und sich von den Schriftgelehrten und Mächtigen fernhält. Das alles ist in der Philosophie meiner Bücher sehr wichtig.

Du hast gesagt, daß dir bei Begegnungen mit deinen Lesern manchmal geheimnisvolle, beinahe magische Dinge passieren.

Das stimmt. Und zum Glück habe ich lebende Zeugen, die dies bestätigen können, denn sonst würde es niemand glauben. Ich will dir von zwei Begebenheiten erzählen. Es war bei einer Buchpräsentation von *Am Ufer des Rio Piedra saß ich und weinte* in Miami in der Buchhandlung Books & Books. Die Hauptgestalt ist eine Frau namens Pilar. In meiner Einführung sagte ich dann: »Flaubert hat einmal gesagt: ›Madame Bovary, das bin ich.‹« Und ich fügte hinzu: »Pilar, das bin ich.« Normalerweise lese ich bei Buchpräsentationen in den USA anschließend einige Seiten aus dem Buch und beantworte dann Fragen aus dem Publikum. Während ich las, rumpelte es plötzlich laut, als wenn etwas zu Boden gefallen wäre. Ich las einfach weiter. Als ich fertig war, sagte ich laut: »Und nun wollen wir mal sehen, was da passiert ist.« Ein Buch war aus dem Regal gefallen. Ich hob es auf und konnte es nicht glauben: Es war *Madame Bovary* von Gustave Flaubert! Die Leute konnten es nicht fassen. Ich habe das Buch mitgenommen, es ist hier. Es ist doch ziemlich merkwürdig, daß von den vielen Büchern, die es dort gab, gerade das heruntergefallen ist, das ich am Anfang meines Vortrages erwähnt hatte. Michael Kaplan, der Besitzer des Buchladens, der sich am meisten darüber wunderte, kann es dir bestätigen.

Und die andere Geschichte, die du erzählen wolltest?

Sie ist ebenfalls in Miami passiert, einer Stadt, die ich überhaupt nicht mag. Ich war auf einer Lesetour durch die Vereinigten Staaten und sollte von dort aus weiter nach Japan. Ich war damals noch nicht an diese internationalen Lesereisen gewöhnt und absolvierte pflichtschuldig das von den Verlegern ausgearbeitete Programm. Heute gebe ich die Richtlinien selber vor. Ich reise einen Monat und ruhe mich, wenn möglich, den darauffolgenden aus, so ist es nicht so ermüdend.

Normalerweise reist der Verleger nicht mit, sondern du wirst von jemandem begleitet, der nichts mit dem Verleger zu tun hat.

Wer hat dich in Miami begleitet?

Die Harper-Vertreterin in Miami, ein junges Mädchen namens Shelley Mitchell. Ich sollte in einer Buchhandlung einen Vortrag halten, und wir waren auf dem Weg dorthin. Sie sagte zu mir: »Warte, ich werde nur meinem Freund noch schnell einen Kuß geben, ich bin gleich wieder da.« Ich blieb also allein zurück und setzte mich. Die Vereinigten Staaten sind ein schwieriges Land, und zudem hatte ich das Reisen satt. Da saß ich denn verärgert, traurig, allein, bitter mitten in Miami und sagte mir: »Was mache ich hier eigentlich? Das muß alles nicht sein, meine Bücher verkaufen sich sehr gut. Ich habe Sehnsucht nach Brasilien, nach meinem Zuhause.« Ich zündete mir eine Zigarette an und dachte: »Diese Shelley, läßt mich hier einfach sitzen und zieht los, um ihren Freund zu küssen.«

Und in dem Augenblick ist dir dann wohl etwas Außergewöhnliches passiert.

Drei Leute, zwei Frauen und ein zwölfjähriges Mädchen, gingen an mir vorbei. Das Mädchen wandte sich an eine der Erwachsenen und sagte: »Hast du den *Alchimisten* gelesen?« Ich war wie versteinert. Die Frau, zweifellos die Mutter des Mädchens, sagte etwas, was ich nicht verstand. Doch die Kleine ließ nicht locker: »Du mußt das Buch unbedingt lesen, es ist sehr schön.« Ich konnte nicht widerstehen, bin aufgestanden, zu ihnen hingegangen und habe zu ihnen gesagt: »Ich bin der Autor des *Alchimisten.*« Die Mutter hat mich angeschaut und dann gerufen: »Komm schnell weg, der Mann ist verrückt.« Daraufhin ging ich zu Shelley in die Boutique gleich nebenan und bat sie, den Leuten zu erklären, daß ich nicht verrückt, sondern wirklich der Autor des Buches sei.

Es gelang uns, sie einzuholen. Shelley Mitchell sagte zu ihnen: »Ich bin Amerikanerin, und dieser Herr ist nicht verrückt, er ist wirklich der Autor des *Alchimisten*.« Das Mädchen sagte freudig: »Ich habe es geglaubt, sie aber nicht.« Meine Begleiterin antwortete ihr: »Das sollte dir eine Lehre fürs Leben sein. Laß dich von deinem Instinkt leiten, denn Mütter haben nicht immer und in allem recht.«

Ich habe die drei zu dem Vortrag eingeladen. Ich habe das Mädchen vorgestellt und die Geschichte erzählt und das Publikum um Applaus für sie gebeten.

Das führt uns wieder zu dem, was ich über die Zeichen gesagt habe. In dem Augenblick, in dem meine Energie aufgebraucht war, ich ohne Begeisterung, leer war, hat mir dieses Mädchen eine Botschaft des Himmels gebracht. Ein Engel hat sich ihrer bedient, um mir Mut zu machen und mich davon zu überzeugen, daß es wichtig war, meinen Lesern persönlich zu begegnen.

Was entgegnest du denen, die sagen, du könntest kein guter Schriftsteller sein, weil du unter einfachen Menschen soviel Begeisterung hervorrufst?

Daß das Kulturfaschismus ist. Bestimmte Intellektuelle, die den Begriff Demokratie ständig im Munde führen, sind in ihrem tiefsten Inneren davon überzeugt, daß das Volk dumm ist.

Du bist ein Autor, der gehaßt und geliebt wird. Was bedeutet für dich die Liebe?

Eine Art Magie, eine nukleare Kraft, die zu deiner Selbstverwirklichung oder deiner Zerstörung führen kann. Für mich ist die Liebe zugleich die zerstörerischste und konstruktivste Kraft der Welt.

Es gibt nur wenige Buchkritiker, die seine Werke wirklich eingehend lesen und analysieren und die vor allem sehen, daß Paulo Coelho mehr ist als ein Schriftsteller im landläufigen Sinn; er ist außerdem ein gesellschaftliches Phänomen, das sich lohnt, näher unter die Lupe genommen zu werden. Seine spanischen Leser haben mich manchmal gefragt, was man in Brasilien über ihn und seine Bücher sagt, was für einen Stellenwert er dort als Schriftsteller hat. Daher habe ich vor der Veröffentlichung dieses Buches nach einer Kritik gesucht, die ihn weder zu überschwenglich lobt noch ihn in lächerlicher Form abtut wie zum Beispiel die von Arrigucci Júnio in der Zeitschrift ›Veja‹, der auf die Frage, was er vom Werk Coelhos halte, antwortete: »Ich habe ihn nicht gelesen, und ich mag ihn nicht.« Ich habe eine Kritik gefunden, die dieses Phänomen in seiner ganzen Reichweite unparteiisch analysiert. Der Titel des Artikels aus der Feder des bekannten Schriftstellers und Journalisten Carlos Heitor Conry lautet »Warum Paulo Coelho?« und ist im Mai 1998 in der spanischen Zeitschrift ›República‹ erschienen.

»Ich war in Paris beim Salon du Livre und habe das Schriftsteller- und Buchhandelsphänomen selber erlebt. Paulo Coelho ist es gelungen, einen im Kulturleben Brasiliens noch nie dagewesenen Grad an internationaler Beliebtheit und Achtung zu erlangen.

Viele rümpfen bei seiner Erwähnung noch immer die Nase und betrachten seine Werke, nicht nur wegen ihres Erfolges, als minderwertig, kommerziell, ganz entschieden als nicht zur hohen Literatur gehörend.

Ich sehe seinen Fall nicht so. Ich bin kein persönlicher Freund des Autors, wir gehen respektvoll, fast herzlich miteinander um, aber wenn wir uns sehen, wechseln wir kaum mehr als fünfzig Worte. Doch die Erklärung für seinen Erfolg habe ich schon lange. Sie lautet so:

Das ausgehende 20. Jahrhundert begann mit zwei Utopien, die eine Lösung für alle geistigen und körperlichen Probleme zu bringen versprachen: Marx und Freud, jeder in seinem sogenannten ›wissenschaftlichen‹ Bereich, stellten Regeln auf, die tiefgreifende Auswirkungen auf Millionen von Menschen hatten in bezug auf soziale Gerechtigkeit oder, über die Psychoanalyse, in bezug auf Gerechtigkeit sich selbst gegenüber.

Nun brechen aber am Ende des 20. Jahrhunderts die großmächtigen Totems in sich zusammen: Sie waren auf tönerne Füße gebaut. Marx hat dem Scheitern der im Namen seiner Philosophie eingerichteten Regimes nicht widerstanden, auch wenn der Sozialismus als erstrebenswerter Traum der Menschheit weiterbesteht. Freud wurde schon zu Lebzeiten angefeindet, fragmentiert, seine Nachfolger verkündeten Schismen und zettelten Rebellionen an. Seine ursprüngliche Lehre bleibt nur mehr als literarischer Essay erhalten, dem immer weniger wissenschaftliche Substanz zuerkannt wird.

Mit dem Fall dieser Utopien entstand am Ende dieses Jahrhunderts eine Leere in der menschlichen Seele. Und der Ruf nach dem Mystizismus, sogar nach Magie war wie immer in solchen Fällen unausweichlich. Und hier tritt unser Magier auf den Plan, der mit seiner Einfachheit zuweilen an die Heiligen aller Zeiten und aller Religionen gemahnt, die die notwendigen Worte aussprechen, jene, die alle hören wollen, weil sie irgendwie in unser aller Seele sind.

Paulo Coelho hat diese Worte in heiligen oder profanen Büchern gefunden, in orientalischen Märchen und den westlichen Heldenepen. Er hat eine geniale Mixtur aus Evangelien, Büchern mittelalterlicher Magie, zauberhafter orientalischer Poesie geschaffen, die wir nur sehr wenig kennen. Und er hat zu einer unaufdringlichen Schlichtheit gefunden, indem er das, was er denkt und fühlt, einfach fließen läßt.

Viele haben versucht, es ihm gleichzutun, doch ohne seinen Erfolg. Ich, der in meinem persönlichen und beruflichen Leben eher einem harten Pessimismus zuneige und eine negative, grausame Sicht des menschlichen Lebens habe, nehme eine genau entgegengesetzte Position ein. Aber mich rühren jene, die wie Paulo Coelho auf ihre Art versuchen, den Menschen besser und das Leben weniger unerträglich zu machen, und ich möchte sie dazu beglückwünschen.«

Am härtesten gehen jene Literaturkritiker mit Paulo Coelho um, die ihm sogar vorwerfen, er könne nicht schreiben. Wir wollten von Nélida Piñon, der großen, international bekannten brasilianischen Schriftstellerin, deren Werke in die wichtigsten Sprachen übersetzt wurden, wissen, was sie über Paulo Coelho denkt. Nélida war bis 1997 Vorsitzende der Brasilianischen Akademie der Sprache, und ihr intellektuelles Renommee ist unbestritten.

Auf meine Frage nach Paulo Coelho, mit dem sie während der Buchmesse Liber 1998 in Barcelona ein Roundtable-Gespräch bestritt, antwortete sie folgendes:

»Ich habe keine ästhetischen Vorurteile. Coelho und ich gehören derselben Szene an, auch wenn wir unterschiedliche Rollen spielen. Er ist ein Schriftsteller, der in seinen Werken mein Land ehrt und uns im Ausland Ehre einbringt. Er ist ein Mensch voller Würde, für den ich große Hochachtung empfinde. Wir haben uns an einer Tankstelle kennengelernt, an der wir beide unsere Autos betankten. Als er mich gesehen hat, hat er mich respektvoll und beinahe schüchtern begrüßt. Ich habe zu ihm gesagt: ›Paulo, laß uns zusammen essen gehen.‹ So sind wir uns begegnet. Und ich will Ihnen ein Geheimnis verraten: Wir haben vor, zusammen ein Buch zu schreiben. Wir haben uns sogar schon über den Titel Gedanken gemacht, aber Sie werden mir verzeihen, wenn ich in diesem Augenblick nichts darüber sage.«

II

Paula, Ana und Maria

> *»Mir kommt das Leben, wenn ich es mit einer Reisemetapher ausdrücke, wie eine Karawane vor, von der ich weder weiß, woher sie kommt, noch, wohin sie weiterzieht.«*

Viele Leser Paulo Coelhos träumen davon, sich eines Tages mit ihm zu Hause in seiner Wohnung in Rio zusammenzusetzen, um ihm tausend Fragen zu seinen Büchern zu stellen und sich mit ihm auszutauschen.

Dieser Traum ist für drei spanische Studentinnen in Erfüllung gegangen. Paula und Ana Gómez, zwei Schwestern, von denen eine Architektur und die andere Psychologie studiert, und Maria Chamorro, eine ihrer Freundinnen, die Pädagogik studiert.

Ich habe die drei auf dem Hinflug von Madrid nach Rio de Janeiro getroffen, als ich zu Coelho unterwegs war, um mit ihm dieses Buch zu machen. Witzigerweise lasen alle drei im Flugzeug eines seiner Bücher: *Brida, Der Fünfte Berg* und *Am Ufer des Rio Piedra saß ich und weinte.* Sie erzählten mir, wie sehr sie sich wünschten, den Schriftsteller kennenzulernen, den sie so sehr schätzten, und mit ihm zu reden. So ist dieses letzte Kapitel entstanden. Dieses Treffen hat bis in die frühen Morgenstunden gedauert, und außer den drei jungen Studentinnen haben noch Christina, die Ehefrau des Schriftstellers, und der Werbefachmann Mauro Salles, ein enger Freund Coelhos, daran teilgenommen, der zudem ein im ganzen Land bekannter Dichter und Kultur- schaffender ist.

Der Schriftsteller hat uns im nachhinein gestanden, daß ihn noch nie junge Menschen so intensiv und unverblümt hinterfragt hätten.

Paula, die Architekturstudentin, war von der Wohnung des Schriftstellers beeindruckt, in der das Schlafzimmer und der kleine Tisch, an dem er arbeitet, im schönsten Teil des Hauses, zum Strand hin, untergebracht sind, und im hinteren Teil der Wohnung, von der aus man keine schöne Aussicht hat, die Repräsentationsräume.

Ana und Maria, die, wie schon erwähnt, Psychologie und Pädagogik studieren, waren begeistert, mit Paulo Coelho ein sehr persönliches Gespräch führen zu können, der sie den Altersunterschied nicht spüren ließ, obwohl ihnen be- wußt war, daß der Schriftsteller ihnen ein Mehr an Erfah- rung und Bildung voraushatte. Und sie gestanden, daß diese Begegnung sie innerlich hatte wachsen lassen.

Sie fühlten sich mit Coelho auf der gleichen Wellenlänge, weil es, wie sie sagten, »nicht nur eine intellektuelle, son- dern auch eine emotional lebendige Begegnung war«.

PAULA *Wir haben uns überlegt, was wir dich fragen könn- ten, und uns sind viele unterschiedliche Fragen eingefallen. Einige betreffen ganz allgemein die Jugend, andere sind per- sönlich, und zwar von jeder von uns.*

Bevor ihr anfangt, möchte ich etwas klarstellen: Erwartet nicht, auf alles von mir eine Antwort zu erhalten. Wir werden uns wie Freunde unterhalten, denn beim Reden lernen wir alle, nicht wahr?

PAULA *Also, wir sehen manchmal große Hoffnungslosigkeit bei der spanischen Jugend – ich weiß nicht, wie es bei der brasilianischen ist –, und ich meine damit nicht die Klischees, die man in der Zeitung immer liest und im Radio hört, sondern es geht tiefer, als wüßten sie nicht, wohin sie sich wenden sollen. Das betrifft natürlich nicht alle Jugendlichen, und ich persönlich fühle mich auch nicht so. Du kennst doch die Jugendlichen gut, worauf führst du es zurück?*

Wenn du diese Hoffnungslosigkeit nicht spürst, Paula, wie fühlst du dich dann?

PAULA *Ich spüre etwas, was viel mit deinen Büchern zu tun hat und was ich ganz allmählich entdecke. Ich glaube, es gibt einen Augenblick, in dem du dich selbst entdeckst. Du merkst, daß du Möglichkeiten in dir hast, und die kleinen Begegnungen mit der Außenwelt lassen sie dich erkennen. Und diese Mischung aus Authentizität und Freiheit läßt mich glücklich sein, erlaubt mir, meinem Leben einen Sinn zu geben. Die Frage ist nun, ob das, was mich meiner Meinung nach mit deinen Büchern verbindet, wirklich ist, weil ich manchmal deine Bücher wie persönliche Briefe von dir an mich empfinde.*

Das hat, denke ich, alles mit der Suche nach dem eigenen Bewußtsein zu tun. Ich habe darüber mit Juan und Roseana eingehend gesprochen, als es darum ging, zu erklären, wie ich Schriftsteller wurde. Der Schlüssel zu meiner Arbeit, wenn wir dies so einfach wie möglich darstellen, liegt in dem, was ich die persönliche Geschichte oder den Lebenstraum nenne, so wie er im *Alchimisten* vorkommt. Und obwohl es sich um etwas Geheimnisvolles zu handeln scheint, ist er der Beweggrund unseres Daseins. Manchmal ist er vielleicht nicht deutlich, und wir zwingen unser Schicksal. Dann zum Beispiel, wenn wir uns schwach und feige fühlen. Doch letztlich lebt dieser Lebenstraum in uns weiter, und wir wissen, warum wir hier sind. Für mich ist daher die spirituelle Suche die Suche nach der totalen Bewußtheit.

PAULA *Dem Bewußtsein unserer selbst?*

Ja, genau. Wenn du ein Glas Wein trinkst, ist das wie eine Erleuchtung, weil du beim Trinken die ländlichen Geräusche aus der Gegend hörst, in der er gekeltert wurde, die Familie des Mannes, der die Trauben gelesen hat, was ringsum war... die totale Bewußtheit von allem. Das gibt mir das Leben. Und darauf konzentrierst du dich, nicht aufopfernd, sondern voller Freude, voller Begeisterung.

PAULA *Du spürst dich selber.*

Genau. Und im Laufe der Zeit ist eine Art ungeschriebenes Regelwerk entstanden, das ich ›Das Handbuch‹ nenne. Ein Buch, das alle Regeln enthält, die wir von Generation zu Generation befolgen sollen. Es gibt Augenblicke, da wissen wir nicht einmal, warum wir diesen Regeln gehorchen sollen, aber die Regeln sind nun einmal da, und wir glauben an sie. Auf Seite zwanzig dieses Buches heißt es beispielsweise: »Du mußt studieren und ein Diplom machen, du mußt zwischen fünfundzwanzig und dreißig heiraten, sonst wirst du Schwierigkeiten bekommen.«

JUAN *Du spielst auf die gesellschaftliche Zwangsjacke an.*

Auf das Gesellschaftssystem, so wie wir es heute kennen. Aber da es sich um ein ungeschriebenes, nicht konkret existierendes Buch handelt, ist es auch nicht wirklich angreifbar. Alle Jugendlichen durchlaufen diesen Prozeß, entweder bekämpfen sie intuitiv das Vorhandene, was sie nicht befriedigt, oder sie akzeptieren es. Von dem Augenblick an, in dem sie es akzeptieren, fangen sie an, nicht ihr eigenes Leben, sondern das Leben ihrer Eltern, ihrer Familien, ihrer Gesellschaft, ihres Milieus zu leben. Auch wenn ich optimistisch bin, glaube ich, daß der Augenblick der Veränderung gekommen ist, wenn die totale Enttäuschung erreicht ist, weil du am Ende angekommen bist und wieder aufstehst und wieder mit erneuerter Kraft daraus hervorgehst.

JUAN *Philosophisch gesehen, bist du ein Hegelianer.*

Zweifellos. Ich glaube, daß die Jugend, so wie sie sich offenbar zeigt, die Jugend ist, die sich dieses Handbuchs bewußt geworden ist und es ändern wird. Wir haben diesen Augenblick erreicht, denn irgendwann erweist sich das Handbuch als überholt. Die vergangene Generation, die Generation der Yuppies, hat versucht, es mit Sport, Gymnastik zu überwinden. Die neue Generation scheint mir anders zu sein, ich sehe Anzeichen dafür. Es ist, als wäre die spirituelle Suche eines der Symptome für eine zukünftige, gesunde Rebellion. Ich glaube zutiefst an die heilende Kraft der Rebellion, ich glaube, wir sind an einem Punkt angelangt, an dem die Kraft der gesunden, heilenden Rebellion losbrechen wird.

PAULA *Mir hat das Reisen geholfen, den Sprung zu wagen und dieses Handbuch, von dem du sprichst, hinter mir zu lassen.*

Mir auch. Ganz ohne Zweifel haben Reisen den Absprung ermöglicht, als ich in deinem Alter war.

MARIA *Ich frage mich, ob du an die Menschen glaubst.* Der Fünfte Berg *zum Beispiel ist ein biblischer Text, von dem ausgehend du eine Geschichte entwickelst, in die du deine Gedanken einfließen läßt. Es ist so, als hieltest du das Gleichgewicht zwischen Menschlichem und Spirituellem, ich weiß nicht, ob es dein Stil ist oder weil du alle erreichen willst, daß du nicht radikalisieren willst. Willst du sagen, daß es nur von Gott abhängt, daß geschieht, was du erlebst, oder erfindest du eine kleine Geschichte, damit alle begreifen, daß Gott die Menschheit selber ist?*

In *Der Fünfte Berg* geht es nicht um die Erscheinung Gottes, sondern um sein Schweigen. Es geht um den Augenblick, in dem Gott nicht spricht, in dem Gott indirekt zu verstehen gibt: »Ich werde dir helfen, aber erst wenn du die Entscheidungen triffst, die du treffen mußt.«

MARIA *Selbstverständlich haben die vielen Dinge, die in deinem Leben geschehen sind, mehr mit Vertrauen zu tun als mit Glück, weil du in dem Augenblick, in dem du anfängst, dir selbst zu vertrauen, auch zu sehen beginnst. Ohne Vertrauen bleiben deine Augen geschlossen. Doch sowie du einen Schritt tust und eine Entscheidung fällst, die du noch nie gefällt hast, beginnen die Zeichen zu erscheinen, und du fängst an, deinem Leben einen Sinn zu geben.*

PAULA *Aber das heißt jemandem Vertrauen zu schenken, den du selber nicht kennst.*

Du kennst dich selber nie.

PAULA *Aber es funktioniert. Ich bin an einem Punkt angelangt – es ist nicht die Reise an sich, sondern die Reise war*

Auslöser für vieles –, in dem ich etwas gefunden habe, was
mich befreit und mich glücklich macht.

Du weißt, daß ich in vielen meiner Bücher das Thema der
Reise behandle. Warum? Erstens, weil ich zur On-the-
road-Generation gehöre, der Hippiegeneration, die immer
auf Reisen war und mit anderen Kulturen kommunizierte.
Zudem ist die Reise rein symbolisch etwas sehr Wichtiges
im Leben eines Menschen. Zweitens, weil du auf Reisen
nicht mehr du bist, du mußt offener, vollkommen offen
sein, denn du weißt, daß weder die Denkmäler noch die
Museen noch die Kirchen die Erfahrungen sind. Ich besu-
che nur selten die Sehenswürdigkeiten, beziehungsweise
nur, wenn ich sehr große Lust darauf habe. Henry Miller
hat das einmal sehr gut ausgedrückt: »Wenn jemand dir sagt,
die Notre-Dame ist phantastisch, mußt du sie sehen. Du
gehst in die Notre-Dame, und sie ist tatsächlich phantastisch. Aber du bemerkst, daß du hingegangen bist, weil andere dich dazu bewogen haben. Wenn du aber um die Ecke
kommst und plötzlich vor der Notre-Dame stehst, ist es
etwas ganz anderes, sie gehört dir ganz, weil du sie entdeckt
hast. Häufig sind die Wunder einer Reise die kleinen Kirchen, die nicht im Reiseführer stehen, kleine unbekannte
Winkel, alles, was du entdeckst. Reiseführer machen mir
manchmal angst.«

JUAN *Das ist uns in Venedig passiert, wo ich vorher schon*
x-mal gewesen war, allerdings immer mit einer Reisegruppe.
Dieses Mal haben wir uns gesagt: Laß uns aufs Geratewohl
lostraben, und wir haben wunderbare Orte entdeckt, die
wir uns nicht hatten träumen lassen, und überraschende
Szenen erlebt. Zum Beispiel einen alten, etwa achtzigjähri-

gen Mann, der gebeugt durch eine einsame Gasse ging. Man hörte seine schlurfenden Schritte, und sie kamen uns vor wie das Sinnbild einer erschöpften und ihrem Schicksal überlassenen Menschheit.

Eben darum geht es: sich treiben lassen, Vertrauen haben. Du weißt, daß auf einer Reise deine Erfahrungen und deine Begegnungen dich an die Stadt, an die Dinge und später an die Menschen binden werden. Du wirst ein Land genießen, weil seine Bewohner freundlich sind und dir helfen, seine schönsten Plätze zu entdecken, du weißt, daß du offen auf die Menschen zugehen mußt, und öffnest dich ihnen, du bist nicht von deinem vertrauten Milieu geschützt, du bist ein Mensch und teilst mit den anderen Menschen das, was allen gemein ist, die Einsamkeit. Auch wenn du mit jemandem zusammen bist, wirst du selbst nur ein einzelner sein.

Hier habe ich meine Freunde, treffe mich mit ihnen, mache meine Strandspaziergänge, aber ich neige dazu, immer dieselben Leute zu sehen, über dieselben Themen zu sprechen. Wenn ich hingegen in Taiwan bin, kann ich zwar sagen, dieser Ort ist grauenhaft, aber am Ende gehe ich doch auf Erkundungstour und rede mit dem erstbesten, der mir über den Weg läuft, streite mich mit dem Taxichauffeur, nehme Kontakt auf …

JUAN *Stimmt. Darum heißt es auch, Reisen sei die beste Schule des Lebens. Du kannst noch so viele Bücher über eine Stadt lesen, wenn du nicht hinfährst, merkst du nicht einmal, was für Bären man dir aufgebunden hat.*

Genau. Andererseits verläßt du deine vertraute Umgebung, lebst ohne deinen gewohnten Schutzmantel, losgelöst, auch ein bißchen verloren, und bist auf die Hilfe der anderen angewiesen. Auch das gehört zum menschlichen Dasein, daß du dich führen läßt wie der junge Mann im *Alchimisten,* der zwar allein eine Reise unternimmt, deren Weg bereits feststeht, der aber immer wieder auf andere Menschen angewiesen ist, die ihm helfen, seinen Weg zu finden.

Du hast eine Beziehung zum Physischen und Metaphysischen, die du nicht recht verstehst, so wie dir auch der Wert des Geldes nicht ganz klar ist, das letztlich einen so stark verankerten, wichtigen Stellenwert in deinem Leben einnimmt – ein Zeichen dafür, daß einem unterwegs der Sinn dafür abhanden kommt, ob etwas teuer oder billig ist: Was dir sehr teuer vorkommt, mag in Wahrheit billig sein und umgekehrt, jedenfalls bist du die ganze Zeit am Rechnen.

Andererseits mußt du dein Leben stark vereinfachen, denn du willst ja nicht die Last deiner Eitelkeit mitschleppen und mußt daher dein Gepäck so leicht wie möglich halten. Ich, der ich ständig auf Flughäfen unterwegs bin, habe immer nur ein kleines Köfferchen dabei, weil ich mich nicht unnötig beschweren will und für den Rest meines Lebens gut und gerne aus einem kleinen Koffer leben kann.

JUAN *Roseana ist für drei Monate aus Madrid herübergekommen und hatte zu meiner Überraschung nur eines von diesen kleinen Bordköfferchen dabei.*

Reisen lehrt dich auch, daß dein Wochenendköfferchen auch für drei Monate reicht. Die Symbolik des Reisens berührt Tiefliegendes in deiner Psyche, daher kommt es, daß in allen Religionen auf die eine oder andere Weise die Pilgerreise und das Dich-des-Überflüssigen-Entledigen so wichtig sind.

JUAN *Hinzu kommt beim Reisen noch, daß du dich bemühen mußt, dir unbekannte Sprachen zu verstehen.*

Das ist ähnlich wie das Problem mit dem Gepäck. Wenn du reist, bist du gezwungen, dein Leben sehr zu vereinfachen, denn nach ein paar Tagen reichen die Worte nicht mehr, um mit den Menschen zu reden. Daß du dich in einer Fremdsprache nur sehr einfach ausdrücken kannst, zwingt dich, alles zu vereinfachen, auch in dir. Mit einundwanzig Jahren habe ich eine Reise durch die Vereinigten Staaten gemacht.

Damals verfügte ich nur über einen Basiswortschatz des Englischen, und am Ende der Reise fühlte ich mich einfacher, weil ich keine Worte hatte, um über die großen, existentiellen Probleme zu diskutieren. Ich konnte nur über die einfachen Dinge des Lebens sprechen.

MARIA *Die Reise ist zugleich auch eine Erschütterung, denn die Zeichen sind vielleicht tatsächlich dort, wo du lebst. Aber Reisen läßt dich sehen, was du vorher nicht gesehen hast, obwohl du es ständig vor Augen hattest.*

ANA *Ich möchte dazu sagen, daß jeder für sich persönlich die Erfahrung macht, daß er wächst, daß dieses Wachsen aber häufig weh tut. Als ich klein war, taten mir die Beine weh, und das lag daran, daß ich wuchs. Und genau das geschieht jetzt mit mir, wenn ich deine Bücher lese, sie tun mir weh.*

Wie soll ich das verstehen?

ANA *Nun, deine Bücher konfrontieren mich ständig mit mir selber. Und ich sehe einerseits, daß ich wachse, aber andererseits, daß es weh tut, Dinge zu ändern, weil es nicht nur darum geht, Dinge in mich aufzunehmen, mich zu be-*

reichern, sondern auch darum, meine Seele von allem Über-
flüssigen zu reinigen.

Das ist eine gute Definition. Conan Doyle führt durch Sherlock Holmes in seinem ersten Buch ein sehr extremes Beispiel an: Als Doktor Watson mit Sherlock über etwas diskutiert, was so bekannt ist wie die Tatsache, daß die Erde rund ist, zeigt sich Sherlock Holmes sehr überrascht und sagt: »Was, die Erde ist rund?« – »Aber selbstverständlich«, sagt Watson. »Aber wissen Sie das denn nicht?« – »Nein. Ich habe nie darüber nachgedacht und werde es so schnell wie möglich vergessen, weil mein Geist dies nicht aufnehmen kann, da er nur über ein begrenztes Fassungsvermögen verfügt.« Nun, ich weiß, daß die Erde rund ist, aber das wird mir in meinem Leben und bei meiner Arbeit nur wenig helfen, ich werde es so schnell wie möglich vergessen und Dinge behalten, die mehr mit meiner Arbeit zu tun haben. Daher geht es nicht nur darum, etwas hinzuzufügen, sondern auch darum, die Dinge zu eliminieren, die auf unbewußten Wegen über das besagte Handbuch hinzugefügt wurden.

PAULA *Da wir gerade von der Jugend reden, wir hatten gesagt, daß es Menschen gibt, denen es sehr schwerfällt, Bücher zu lesen, die sie dazu bringen, sich Fragen zu stellen, die ihr Leben in Frage stellen oder das, was sie sind. Das ist eine sehr menschliche Angst. Damit meine ich, es kann mir weh tun voranzuschreiten, es kann mir weh tun, mich zu fragen, wer ich bin. Ich habe Freundinnen, die mir davon erzählen, erst neulich haben wir bei einem Abendessen darüber gesprochen. Was mich betrifft, so ist es mir lieber, festzustellen, daß ich eine Katastrophe bin, und weiterzusuchen, als mich* nicht anzuschauen, damit ich bloß nichts finde, was mir an mir nicht gefällt. Ich habe Freundinnen, denen es angst macht, Bücher zu lesen, die sie zwingen, in sich selbst hineinzuschauen. Deshalb wollte ich dich fragen, ob du glaubst, daß jeder in der Lage ist, sich von diesem Handbuch zu befreien, und warum?

Ich möchte dir in diesem Zusammenhang von einem Erlebnis erzählen, das ich auf dem Pilgerweg nach Rom hatte, der auch der »Weibliche Weg« genannt wird. Eine Woche oder zehn Tage nach Beginn der Reise begann ich das Schlimmste, das Grauenhafteste in mir zu sehen: Ich sah mich als jemand Engherzigen, Rachlustigen, ließ selber kein gutes Haar an mir. Da habe ich mich an den Pilgerführer gewandt und zu ihm gesagt: »Ich gehe einen heiligen Weg, gebe mein Bestes, und anstatt daß ich mich zum Besseren hin wandele, werde ich zu einem engherzigen Miesling.« Er sagte: »Nein nein, augenblicklich ist das so, später kommt das Licht, jetzt erkennst du, wie du wirklich bist, du hast dich noch nicht geändert, aber du hast begonnen, die Enge deiner Welt deutlicher wahrzunehmen, und das macht die Dinge immer sehr viel klarer. Denn wenn wir das Licht anmachen, sehen wir die Spinnen, das Böse, und dann machen wir es wieder aus, weil wir die Kakerlaken nicht sehen wollen. Wir machen diesen schmerzhaften Wachstumsprozeß durch, weil wir anfangs nicht das Bessere, sondern das Dunkelste in uns sehen. Doch später kommt das Licht.«

MARIA *Mir ist dennoch aufgefallen, daß man sich selbst lieben muß, mit all diesen Schwächen, denn wenn du dir sagst: Wie schlecht bin ich doch, beginnst du zu sehen, wie klein und dumm du bist.*

Daher ärgert es mich, wenn man zu einem kleinen Kind,
das Dummheiten macht und eine Vase auf den Boden wirft,
sagt: Wie drollig, wie niedlich!, wo sie dir später, wenn du
die Vase hinwirfst, sagen: Du Dummkopf! Sicher ist, daß wir
uns selber nicht lieben, daß dieses Wie-schlimm-bin-ich-
doch-Sagen bedeutet, daß du dich nicht selber liebst. Und
daher glaube ich, daß es nicht nur darum geht, daß du dich
änderst, sondern auch darum, daß du dir bewußt werden
mußt, daß du klein und schwach bist, aber daß du dich den-
noch lieben mußt und die Menschen dich so akzeptieren
müssen, wie du bist.

Ich sehe das anders. Meiner Meinung nach ist alles immer
in Bewegung, verändert sich. Doch die Schuld lähmt uns.
Du siehst die Dinge und bist vor Schuldgefühl gelähmt,
hältst dich für unwürdig. Auch ich habe anfangs gesagt:
»Was bin ich bloß für ein Mistkerl!« – nur damit du siehst,
daß du nicht vor einem Weisen stehst, der auf alles eine Antwort hat, sondern vor einem ganz normalen Menschen.
Aber damit habe ich mir selber geholfen. Um zu verhindern, euch ein falsches Bild von mir zu vermitteln, und
damit ihr mich vom ersten Augenblick an so akzeptiert, wie
ich bin. Und das ohne idiotische Schuldgefühle.

MARIA *Doch dafür mußtest du dich erst selber lieben und*
durftest keine Angst davor haben, dich so zu zeigen, wie du
bist. Denn es gibt viele Prinzipien, die uns lähmen: Das tut
man nicht, das sagt man nicht, das gehört sich nicht.

Zweifellos.

ANA *Ich glaube, um diesen Schritt zu tun, ist es wichtig,*
daß einem klar wird, daß man als Mensch das Recht hat, die
Regeln dieses Handbuchs zu übertreten.

Und daß darin keine Sünde liegt. Daher denke ich als Katholik, der ich bin, häufig, daß das erste Wunder Jesu eigentlich politisch nicht korrekt war: Jesus hat keinen Blinden geheilt oder einen Lahmen zum Gehen gebracht, sondern er hat Wasser in Wein verwandelt, etwas sehr Weltliches, sehr Profanes, aus dem einfachen Grunde, weil kein Wein mehr da war. Es war nicht notwendig, um die Menschheit zu retten, nein. Bei der Hochzeit zu Kanaa gab es keinen Wein mehr, und Jesus fragte sich: »Was mache ich nun?« Und er hat nicht gezögert: »Ich vermag Wasser in Wein zu verwandeln, dann will ich es auch tun.« Zudem hat er es in einen köstlichen Wein verwandelt. Meiner Meinung nach wollte er damit sagen: »Seht nur, auch wenn ich weiß, daß ich Augenblicke großen Schmerzes durchmachen werde, ist der Weg einer der Freude und kein Leidensweg.« Das Unausweichliche ist da, erwartet uns wie im *Fünften Berg*, wir können ihm nicht entrinnen, aber wir rennen ihm auch nicht nach.

JUAN *Ich glaube, der Irrtum bestimmter Religionen liegt darin, die Aufopferung als das Ziel zu sehen. Ich sage immer, daß Jesus im Evangelium, wenn er auf den Schmerz trifft, diesen auslöscht. Er hätte sagen können: »Er steht dir gut, behalte ihn, und du wirst durch ihn geläutert.« Doch nein, er ertrug es nicht, jemanden leiden zu sehen, und heilte alle Krankheiten, vor allem bei den Ärmsten, die immer am meisten zu leiden haben.*

Da stimme ich vollkommen mit dir überein. Alle Schmerzen, die ich in meinem Leben ertragen mußte, konnte ich nicht verhindern, aber ich habe sie auch nicht als Opfer gesucht. Im lateinischen Wort für Opfer, *sacrificium*, sind die

Worte *sacrum* und *officium* enthalten, und die heilige Handlung hat sehr viel mit deinem Engagement dafür zu tun, was du gerade machst. Es gibt Augenblicke, in denen du auf etwas verzichten mußt, um etwas anderes wählen zu können, aber das Opfer als Verzicht an sich macht keinen Sinn.

MARIA *Ich glaube jedenfalls, daß das Wichtigste nicht das Opfer, sondern die Tatsache ist, daß man sich geliebt fühlt. Von daher ändert sich alles. Daher glaube ich den Missionaren, wenn sie sagen, daß sie weder Opfer noch Schmerz fürchten, weil sie sich geliebt fühlen.*

JUAN *Das ist ja schon kein Opfer mehr. Die Liebe schließt das Opfer mit ein, weil sie mit beinhaltet, daß du verzichten mußt, daß du den anderen akzeptieren mußt, aber die Entschädigung, die sie mit sich bringt, ist so groß, daß du sie nicht mehr Opfer nennen kannst. Dieser Priester hier in Rio de Janeiro, der täglich vierhundert Bettlern etwas zu essen gibt, fühlt sich glücklich. Selbstverständlich ist es kein einfaches Leben, jeden Tag für vierhundert Bettler etwas zu essen zu finden und mit ihnen zusammenzuleben. Aber ich zweifle nicht daran, daß er sich wirklich glücklich fühlt, denn was jeder von uns als Opfer empfinden würde, ist für ihn keines. Wenn er darin allerdings ein Opfer suchen würde, dann wäre er ein Masochist.*

MARIA *Und das wäre nicht gesund.*

JUAN *Und glücklich wäre er auch nicht.*

MARIA *Wenn ich beispielsweise Schwierigkeiten habe, etwas zu lernen, und man mir sagt: »Komm, fang noch einmal an, und du wirst schon sehen, daß du es schaffst!«, dann fange ich voller Vergnügen wieder an, bis ich es richtig mache. Wenn man mir aber sagt: »Du bist dumm!«, dann gehe ich von vornherein davon aus, daß ich es niemals werde richtig machen können.*

PAULA *Ich würde gern zum Thema der Reise zurückkeh-ren, die etwas ist, was mich freier macht. Ich sehe da aller-dings ein Problem. Während du unterwegs bist, ist es relativ einfach, dich frei zu fühlen, deine eigene Identität zu suchen, dich selber zu finden. Alles bereichert dich, es ist, wie wenn man sich verliebt. Ich habe ein Buch über die Liebe gelesen, das* Ich liebe dich *heißt, und ich habe darin die Reise am Be-ginn einer Liebe gefunden, die dich plötzlich von vielem be-freit. Aber das Problem ist wieder da, wenn du von der Reise in die Realität des Alltags zurückkehrst. Mir macht die Tat-sache immer mehr Schwierigkeiten und treibt mich immer wieder zur Einhaltung des besagten Handbuches – denn ich lebe noch in diesem Zwiespalt –, daß ich mit Menschen zu-sammenleben muß, die nicht das gleiche herausgefunden haben wie ich. Einerseits wäre ich hingerissen, wenn sie es auch herausfinden könnten, aber ich frage mich auch, ob sie es herausfinden müssen.*

Darin liegt das große Problem. Das ist fast so wie hier am Strand. Morgens ist er ganz leer, eine Mutter kommt mit ihrem Kind und setzt sich. Junge Männer kommen und spielen Ball, dann kommen die hübschen Mädchen, die mit ihren Mini-Bikinis jemanden aufreißen wollen. Die nächste Mutter kommt und wird sich nicht in die Nähe der jungen Mädchen setzen, weil sie sich daneben etwas häßlich vor-kommt, und auch nicht zu den Ballspielern, weil sie nicht Ball spielt. Also setzt sie sich natürlich neben die andere Mutter, und die Kinder fangen an, miteinander zu spielen, während sich die hübschen Jungen zu den hübschen Mädchen setzen. Der Strand organisiert sein Universum, verstehst du, und ganz allmählich bilden sich Stämme heraus, die der Mütter mit den Kindern, die der hübschen Jungen und der Mädchen, die jemanden aufreißen wollen. Sie bilden sich ganz natürlich, aber es braucht seine Zeit, damit die Dinge ihre natürliche Organisationsform finden. Wir können das nicht ändern, die Mütter mit ihren Kindern sind Mütter mit ihren Kindern, die Sportlichen sind sportlich, und alle sind zufrieden; es ist ihre Art, Gott anzubeten. Es gibt da einen Identifizierungsprozeß.

Daher spreche ich viel vom Krieger des Lichts, von dem Augenblick, in dem du plötzlich den Blick eines anderen Menschen auffängst, von dem du fühlst, daß er die gleichen Dinge sucht wie du. Und obwohl wir nicht vollkommen sind, viele Probleme haben, vor denen wir oft kneifen, fühlen wir uns doch auch würdig und fähig, uns zu verändern und uns vorwärts zu bewegen.

Es geht nicht darum, die anderen zu überzeugen, Paula, sondern darum, einen anderen Menschen zu finden, der sich ebenfalls einsam fühlt und das gleiche denkt wie du, versteht du? Drücke ich mich klar aus?

PAULA *Das Problem ist, daß es wenige gibt. Ich zumindest habe bislang nur wenige getroffen.*

Es gibt aber viele, und es ist merkwürdig, daß ein Autor oder ein Buch wie ein Katalysator wirken können. Wenn du Henry Miller liest, wird dir bewußt werden, daß du etwas mit ihm gemein hast. Liest du Borges, geschieht das gleiche. Also haben ein Buch, ein Film, ein Kunstwerk ganz allgemein eine starke Katalysatorwirkung, weil sie dich erkennen lassen, daß du nicht allein bist, daß es jemanden gibt, der denkt wie du.

JUAN *Du siehst beispielsweise im Flugzeug jemanden mit einem bestimmten Buch und weißt gleich, daß du mit ihm oder ihr reden kannst.*

PAULA *Ich bin einmal in Zaragoza in den Zug gestiegen, um zu meinen Verwandten zu fahren. Ich war mit meinem Vater und meiner Großmutter unterwegs und kam zufällig neben ein junges Mädchen zu sitzen, die das Buch* Brida *dabeihatte. Am Tag zuvor war ich in Madrid auf der Buchmesse gewesen und hatte geschwankt, ob ich mir* Der Fünfte Berg *oder* Brida *kaufen sollte und habe mich dann, ich weiß nicht, warum, für* Der Fünfte Berg *entschieden. Als ich mich im Zug auf meinen Platz setzte, sah ich das Mädchen, das ich nicht kannte, und ihr Buch und dachte: »So ein Zufall, gestern noch habe ich genau das Buch angeschaut.« Schließlich konnte ich nicht mehr an mich halten und erzählte es ihr, und sie antwortete mir: »Ich habe noch überlegt, ob ich mir* Der Fünfte Berg *oder* Brida *kaufen sollte.« – »Der Fünfte Berg? Schau, den habe ich hier in der Tasche.« Am Ende stellte sich heraus, daß sie die Tochter einer Freundin meiner Tante war, die in Zaragoza lebt. Und ich habe immer nach der versteckten Kamera gelinst, weil ich dachte, das konnte nur extra eingefädelt worden sein.*

Ich verstehe dich genau, denn manchmal habe ich auch schon das Gefühl gehabt, daß mich jemand filmte, wenn ich etwas erlebte.

PAULA *Manchmal geht es mir so, daß ich die Bibel irgendwo aufschlage, und es ist so, als spräche sie mich ganz persönlich an, und ich mich frage, wie das angehen kann.*

Genau wie in der Geschichte vom Taxifahrer, der aussprach, was ich auch dachte, als würde sich ein Engel des Mundes eines anderen Menschen bedienen.

JUAN *Das Beispiel mit dem Buch ist sehr bedeutsam. Wenn du jemanden triffst, der ein Buch liest, das du magst, kannst du sofort mit dieser Person reden. Liest sie ein Buch, das du nicht kennst, achtest du nicht so sehr auf sie, aber handelt es sich um ein Buch, das du sehr gut kennst, hast du sofort das Gefühl, daß ihr die gleiche Wellenlänge habt.*

PAULA *Ich studiere Architektur und interessiere mich sehr für Kunst. Mir scheinen viele Leidenschaften in der modernen Kunst konzentriert zu sein, und wenn du das Glück hast, jemanden zu kennen, der malt, bemerkst du, daß ein Bild viel über die Gefühle der Menschen unserer Zeit aussagt. Was denkst du über moderne Kunst?*

Ich glaube, daß die Kunst immer eine ganze Generation »wiedergibt«, die Gefühle, die diese Generation ihren Zeitgenossen entgegenbringt.

PAULA *So sehe ich das auch.*

Es gibt natürlich immer diesen Schlüsselmoment, in dem man Kunst von Mode unterscheiden können muß. Ich glaube, es gibt viele Arten, eine Geschichte zu erzählen, und daß die Architektur eine der unglaublichsten ist, weil die Geschichte der Menschheit von der Architektur erzählt wird. Es gibt viele Theorien, viele Bücher, die von den Gebäuden sprechen, in denen sich alles Wissen widerspiegelt. Und zwar seit den Pyramiden, danach in den gotischen Kathedralen und was weiß ich, an denen sichtbar wird, daß es nicht nur darum ging, etwas zu bauen. In ihnen verkörpert sich das Leben der Epoche, der Geschichte, der Glaubens-inhalte und der Versuch, der nächsten Generation zu vermitteln, was wir wußten, keine Mode, sondern das Beste von uns. Die moderne Kunst kennt Übertreibungen. Manchmal hat sie sehr wenig mit Kunst als etwas zu tun, was unser Herz berührt, sondern ist nur reine Selbstbespiegelung. Es gibt eine Tendenz, die Kunst genannt wird, aber keine Kunst ist. Kunst ist nichts anderes, als der Karawane des Lebens weiterzugeben, was wir während unseres Lebens erfahren haben.

JUAN *Im Grunde ist die Kunst eine Reise.*

Wenn ich auf die Metapher der Reise zurückgreife, sehe ich das Leben als Karawane, die nicht weiß, woher sie kommt, noch wohin sie weiterzieht. Während wir reisen, werden in der Karawane Kinder geboren, und sie lauschen den Geschichten der Großmutter, die viel erlebt hat. Später stirbt die Großmutter, und die Kinder werden Großeltern, erzählen ihren Teil der Reise und sterben. Die Geschichte reicht die Erfahrungen dieser Generation von Generation zu Generation weiter, und zwar von Herz zu Herz. Und die Kunst gibt im allgemeinen die Quintessenz – um einen Terminus aus der Alchemie zu benutzen – aller Dinge weiter, denn ich kann dir nicht erklären, wie die Welt 1998 war, als wir uns, drei junge Mädchen aus Madrid, ein Journalist von ›El País‹, eine Dichterin und ein Schriftsteller, getroffen haben. Wir können das nicht erklären.

Aber wir haben die Poesie, um es zu sagen, wir haben die Malerei, wir haben die Bildhauerei, ein Gebäude, dem du deine Gefühle eingibst. Eines Tages werden deine Enkel davorstehen und sehen, was du von innen heraus als Architekt geschaffen hast, und vielleicht erkennen und begreifen sie nicht die ganze Geschichte, so wie sie auch nicht wissen können, wer diese Weintraube gepflückt hat, aber sie werden wie wir eine große Freude empfinden. Das genau ist die Quintessenz.

JUAN *Fernando Savater sagt in dem langen Gespräch, das ich mit ihm geführt habe, daß wir bauen und all diese Spuren hinterlassen, die Kunst, die Architektur, alles das, weil wir wissen, daß wir sterben müssen, und daß aus diesem Grunde die Tiere, die nicht wissen, daß sie sterben müssen, keine Spuren hinterlassen. Und auf diese Weise Kultur entstehe.*

Vielleicht haben wir aus unserem Wunsch nach Unsterblichkeit heraus Kinder und bauen wir Häuser, auch wenn ich glaube, daß dies noch darüber hinausgeht, denn sonst hätten Künstler keine Kinder; sobald du Kinder hast, weißt du, daß du eine starke Spur hinterläßt und nicht unbedingt noch andere Spuren hinterlassen mußt. Ich denke, daß wir dies alles hinterlassen, weil wir etwas mit anderen teilen wollen, weil wir das Leben lieben; und nicht aus Angst vor dem Tod, sondern weil in uns eine Liebe ist, die wir mit anderen teilen wollen. Diese Liebe erfüllt uns und läßt in uns, vom ersten Augenblick an, in dem sie uns erfüllt, den Wunsch wach werden, sie zu zeigen.

ANA *Und auch zu erzählen, denn es ist Aufgabe des Schriftstellers, vom Leben zu erzählen.*

Es zu leben. Du empfängst Liebe, verwandelst sie und teilst sie. Agape ist die Liebe, die über die Liebe hinaus liebt, und das mußt du mit anderen teilen – darüber habe ich schon in *Auf dem Jakobsweg* geschrieben.

JUAN *Apropos: Wie unterscheidest du zwischen Agape und Eros? Im* Jakobsweg *unterscheidest du drei Arten von Liebe.*

Eros ist die Liebe zwischen zwei Menschen. Philos ist die Liebe zum Wissen, und Agape ist die Liebe, die es unabhängig von der Tatsache gibt, ob ich liebe oder nicht, die Liebe, von der Jesus spricht, wenn er sagt: »Liebet eure Feinde.«

Wir haben häufig über den Feind, den Gegner gesprochen, und ich habe zu Juan gesagt, daß ich meine Feinde lieben und sie symbolisch gnadenlos töten könnte. Das ist meine persönliche Wahrheit, meine Art, das Leben zu sehen; meine Vorstellung vom Zentrum der Schöpfung ist die des Antagonismus. Das Leben ist ein Kampf, der Kampf, der im *Jakobsweg* immer gegenwärtig und weder gut noch schlecht ist, es ist ein Kampf, ein Aufeinanderprallen von Energien. Wenn ich eine Bewegung mache, hat das Auswirkungen auf fünfzig Luftatome oder -moleküle, die wieder andere anstoßen und im fernsten Winkel des Universums ein Echo auslösen. Alle Bewegungen, die ich ausführe, alles, was ich sage, alles, was ich denke, entsteht aus Konflikten, einer Kollision von Widersprüchen. Seit wir etwas über den *big bang* wissen, wird die Entstehung des Universums mit der Explosion zu Beginn einer Kollision erklärt.

Als ich etwa achtzehn Jahre alt war, habe ich ein Buch gelesen, das mich sehr geprägt hat: Es heißt *Mahabharata* und ist ein heiliges Buch, ein Klassiker wie für euch der *Don Quixote*. Es gehört zu einem Epos, das die Geschichte Indiens erzählt. Später wurde daraus ein langweiliger Film gemacht.

Ein Bürgerkrieg bricht aus, weil der König das Königreich statt seinem Sohn seinem Neffen vermachen will. Der Sohn protestiert, er will um das Reich kämpfen. Der Neffe nimmt die Herausforderung an: »Wir werden uns miteinander messen.« Der Bürgerkrieg ist unausweichlich. Der König, der blind ist, befindet sich hoch oben auf einem Berg über dem Schlachtfeld, auf dem die beiden Armeen, die seines Sohnes und die seines Neffen, bereitstehen. Der Kampf mit Standarten, Kriegern, Pfeil und Bogen soll beginnen. In diesem Augenblick erscheint Gott, der der Schlacht zusehen will. Der General einer der Armeen nimmt seinen Wagen, entfernt sich von seinem Heer, begibt sich mitten auf das Schlachtfeld, legt Pfeil und Bogen ab, wendet sich an Gott und sagt zu ihm: »Wie grauenhaft, jetzt wird eine Schlächterei beginnen, wir werden töten, sterben, dies ist ein Bürgerkrieg, und es gibt auf beiden Seiten gleich viele gute Menschen. Mein Herr steht auf einer Seite, und meine Mutter auf der anderen. Dies wird ein Massaker. Daher werde ich nicht kämpfen, ich opfere mich hier.« Und Gott antwortet ihm: »Aber was tust du da? Du stehst am Beginn einer Schlacht. Jetzt ist nicht der rechte Moment, um zu zweifeln. Wenn dich das Leben in diese Schlacht gestellt hat, dann geh und kämpfe, hinterher können wir immer noch darüber diskutieren, aber jetzt hast du eine Schlacht vor dir.«

Tatsächlich sagt Gott: »Der Kampf, der vor dir liegt, ist Teil der Bewegung der Welt. Dies gehört zu dem gesunden Konflikt zwischen den Kräften des Universums.«

JUAN *Anders gesagt, du siehst das Leben als einen Kampf.*

Extrem gesagt, ist alles Konflikt, nicht im Sinne eines schlechten, sondern des guten Kampfes, der Bewegung. Die

Reise geht zu Ende, du kehrst nach Hause zurück und fragst dich: »Was nun?« Und daraus entsteht der Konflikt, aber es ist ein positiver Konflikt, weil er dich voranbringt.

JUAN *Du willst sagen, daß man nicht wählen kann.*

Du kannst zwischen den beiden klassischen Wegen wählen, der Meditation und dem guten Kampf, aber du mußt wählen. Wenn du Trappistenmönch, buddhistischer oder Mönch eines anderen Glaubens bist, schließt du dich in ein Kloster ein und weihst dich der Meditation, wenn du aber im Gegenteil jemand bist, der handeln muß, wirst du Jesuit, das ist eine kriegerischere Art von Spiritualität. Du mußt zwischen dem *Yoga* der Aktion und dem *Yoga* der Inaktion wählen. Du kannst nicht stehenbleiben, denn es gibt weder das Gute noch das Böse, wie Gott in der vorher beschriebenen Situation gesagt hat, es gibt die Bewegung. Und da es Bewegung gibt, sehen wir die Dinge entweder als etwas Gutes oder etwas Böses.

JUAN *Dennoch ist es nicht einfach, einen Unterschied zwischen den Kräften des Guten und denen des Bösen zu machen.*

Wenn du kämpfst, bemerkst du natürlich die negativen Kräfte, wenn wir sie so nennen wollen, und du kämpfst gegen sie an. In einer Szene in *Am Ufer des Rio Piedra saß ich und weinte* beschreibe ich etwas, was mir passiert ist. Ich befand mich in Olite mit einer phantastischen Fremdenführerin aus Zaragoza. Ich wollte in die Kirche. Ich kam an, die Tür stand offen und ein Mann an der Tür sagte zu mir: »Sie können nicht hinein.« – »Wieso kann ich nicht hinein?« entgegnete ich. »Es ist Mittag, und die Kirche ist geschlossen.« Ich habe mich entschuldigt, ihm gesagt, ich sei kein Spanier, daß ich nur ein paar Tage im Lande sei und er mich nur fünf Minuten hineinlassen solle. – »Nein, Sie können nicht hinein, weil Mittag ist. Wir machen um drei wieder auf.« Ich habe ihn fast angefleht, mich hineinzulassen, um einige Minuten zu beten. – »Nein, nein.« – »Wieso nein?« habe ich da gesagt. »Ich gehe hinein, und Sie passen auf mich auf.« Es war absurd, schließlich war er doch da und tat nichts und würde auch den ganzen Nachmittag noch da sein.

Der Mann war für mich das Symbol für den Augenblick, in dem du etwas sagen mußt, dich gegen das Gesetz, die Autorität, gegen was weiß ich auflehnen mußt. Es ist der Augenblick, in dem der Gegner auftaucht, und es ist der Augenblick, in dem der Krieger ihn symbolisch gesehen tötet, weil sonst er selbst getötet werden würde, denn vielleicht wäre der Gegner ja viel stärker und würde ihn töten; ich war schrecklich erniedrigt worden, aber ich liebe den Kampf.

JUAN *Das ist ähnlich wie die Geschichte, in der Jesus die Pharisäer angreift, als seine Jünger den Sabbat nicht einhalten, weil dieser vom Menschen geschaffen wurde und nicht der Mensch für den Sabbat.*

Genau. Da sind zwei Energien im Spiel. Du bist unerbittlich, du wägst die Folgen nicht ab, du riskierst etwas, wagst den Sprung, von dem wir gesprochen haben, hast Vertrauen. Ich habe diesen Mann nicht beleidigt, ihn auch nicht daran gehindert wegzugehen, weil Essenszeit war oder aus irgend einem anderen Grund. Nein, er hat mich am Eintreten gehindert, weil ihm das Gesetz scheinbar das Recht dazu gab. Ich dagegen setzte mich über das Gesetz hinweg und tötete ihn symbolisch.

JUAN *Läßt dich dies nicht auch an die Szene im Evange-*

lium denken, als Jesus seinen Eltern gegenüber den Gehor-
sam verweigert?

Zweifellos, Jesus hat immer wieder Konflikte mit Maria
und mit Joseph gehabt.

JUAN *Und das schockiert viele Katholiken.*

Und als Maria ihn besuchen will und ihm ausrichten läßt,
daß seine Mutter da sei, antwortet er: »Meine Mutter? Wer
ist meine Mutter?«

PAULA *Früher habe ich das auch als eine Verleugnung
seiner Mutter und seiner Geschwister empfunden, aber jetzt
verstehe ich es mehr als Zeichen dafür, daß er unter Mutter
mehr verstand als nur den konkreten Begriff.*

JUAN *Nein, gemeint ist: Ich muß meinem Weg folgen, und
du wirst mich nicht daran hindern.*

PAULA *Aber es wäre eine Erweiterung des Blickwinkels.
Ich glaube, selbst heutzutage wäre meine Mutter auch nicht
erfreut, wenn ich ihr so etwas sagen würde. Aber wenn man
es als erweiterten Blickwinkel sieht, kann man es nicht übelnehmen.*

JUAN *Wenn du es nicht sagst aus Angst, deine Mutter
könnte es dir übelnehmen oder dich daran hindern, deinen
Weg zu gehen, dann triffst du bereits eine Wahl. Genau das
meint Paulo: Hier mußt du wählen, mußt du dich entscheiden, deinen Weg weiterzugehen, auch wenn es deine Mutter
schmerzt. Das heißt nicht, daß du sie nicht liebst, sondern es
ist ein Konflikt zwischen der Liebe, die du für sie empfindest
und ihr keineswegs entziehst, und der Liebe zu dir selber,
die dir erlaubt, deinen eigenen Weg zu gehen. In diesem
Konflikt mußt du eine Entscheidung treffen.*

Der Konflikt mit der Familie ist etwas Grundlegendes.

Ich spreche in meinen Büchern viel über die Konflikte, die ich mit meinen Eltern hatte, und die waren einschneidend. Dennoch muß ich ihnen danken, weil sie sich mir gestellt haben, mich erzogen haben, sich gegen mich gestellt haben, und daraus ist der gute Kampf entstanden.

PAULA *Du sprichst davon, jeden Augenblick zu leben. Es gibt einen Weg, aber es gibt darauf auch viele Dinge zu erleben. Es geht nicht darum, zu sagen: Ich gehe dort längs, und man wird schon sehen, was passiert, weil du in jeder Situation entscheiden mußt, ob du in diese Kirche hineingehst oder nicht. Oder glaubst du, daß man sich um jeden Preis auflehnen muß?*

Die totale Opposition, nein, das hältst du einen Tag lang durch, und dann hast du keine Energie mehr. Daher wird in *Der Fünfte Berg* ständig ein Gleichgewicht zwischen Strenge und Mitgefühl geschaffen; es gibt Augenblicke, in denen du nein sagen mußt, und andere, in denen du dich leiten lassen mußt, und zwar ganz und gar, um zu sehen, wohin das führt. Das hat nichts mit deiner Entscheidungskraft zu tun, das heißt nicht, daß man sich nicht entscheidet. Ich entscheide mich dafür, mich führen zu lassen. Oder ich beschließe, mich zu verweigern, aber ich entscheide mich. Ich bleibe nicht an der Wegkreuzung stehen.

JUAN *Sie wird in allen Religionen als etwas Heiliges angesehen.*

Ja, seit Merkur, dem Gott der Wegkreuzungen. Hier in Brasilien wirst du, wenn du freitags abends ausgehst, sehen, wie die Leute auch heute noch Nahrungsmittel an den Straßenkreuzungen aufbauen, denn dorthin schauen die Götter aller Religionen.

MARIA *Neulich haben wir zu Hause über den Kosmos und das Chaos gesprochen und waren uns darüber einig, daß letzteres eng zu ersterem gehört und alles seinen Sinn hat, auch das Chaos. Außerdem haben wir über ein Beispiel aus Rio gesprochen, daß es nämlich einen ungeheuren Kontrast zwischen dem reichen Teil der Stadt und den Favelas gibt. Dies ist ein Beispiel dafür, daß Chaos auch im Kosmos enthalten ist. Wir wissen, daß wir, wenn wir an einer Kreuzung stehen, uns für den einen oder anderen Weg entscheiden müssen, aber aus Angst vor dem Unbekannten sind wir versucht, stehenzubleiben, uns nicht zu rühren. Und wenn du dich am Ende entscheidest, bleibt, wie immer deine Entscheidung ausfällt, immer etwas ungelöst, als würdest du bedauern, nicht die andere Richtung eingeschlagen zu haben.*

Genau da liegt das Problem, Maria. Viele Menschen fragen mich: »Und wenn dir in deinem Leben dies oder das passiert wäre…?« In meinem persönlichen Wörterbuch gibt es das Wort »wenn« nicht, das Konditional. Es enthält ich weiß nicht wie viele Millionen Wörter, aber kein »wenn«. Es ist ein zersetzendes Wort, denn sobald ich meinen Weg gewählt habe, ist meine Entscheidung getroffen, und ich folge ihr. Sie kann sich als gut oder schlecht erweisen, aber es war meine Entscheidung. Aber wenn ich denke: »Ach, wenn ich doch das andere getan hätte…!«, mache ich alles kaputt.

MARIA *Meiner Meinung nach können wir zwar entscheiden, welchen Weg wir einschlagen wollen, wissen aber nie, ob er gut oder schlecht ist. Da hat der Zweifel vielleicht doch sein Gutes. Im entscheidenden Moment weißt du nicht, ob der gewählte Weg gut oder schlecht ist.*

Entschuldige, Maria, du sprichst da vom Vertrauen, aber der Zweifel hat nichts mit Vertrauen zu tun. Der Zweifel ist der Augenblick der Entscheidung, aber du hast Vertrauen, verstehst du? Du hast dein ganzes Leben lang Zweifel. Ich habe ständig welche, und sie werden immer größer, aber sie hindern mich nicht daran, eine Entscheidung zu treffen. Der Zweifel besteht darin, nicht zu wissen, ob ich mich irre oder nicht. Du entscheidest dich, und dann kannst du überlegen. Ich habe im Laufe meines Lebens festgestellt, daß es immer eine Möglichkeit für eine Korrektur gibt, daß man immer eine zweite Chance bekommt.

MAURO *Gott sei Dank gibt es immer diese Möglichkeit einer Korrektur.*

Gott sei Dank.

MARIA *Reden wir nun über den Augenblick, der der Entscheidung folgt, dank deren du Zweifel gehabt hast, oder über den, der der Veränderung vorausgeht, wenn das Leben weitergeht? Das sind Zweifel, Krisen, Kreuzwege. Es ist vielleicht die Unmöglichkeit, das zu verfolgen, was du angefangen hast, die dich dazu treibt, zu suchen oder zu reisen oder einen Konflikt zu provozieren, der dir erlaubt, einen Weg zu finden. Daher war diese Krise gut.*

Krisen sind immer gut, denn sie zwingen dich, eine Entscheidung zu treffen.

PAULA *Ich habe eine italienische Freundin, die nach Rio kommen wird und mit mir zusammen in England war. Sie hat zu mir gesagt: »Ich war immer eine Perfektionistin, auch wenn ich es nicht wußte. Häufig machte ich den Menschen etwas vor und erreichte damit, daß sie mich als perfekt ansahen. – Paula«, sagte sie zu mir, »ich habe eine klassische Bil-*

dung, ich bin aus Rom, und du weißt, was das Wort Voll-
kommenheit bedeutet, nicht wahr?« Ich habe den Kopf ge-
schüttelt. »Vollkommen sein«, hat sie mir erklärt, »das bedeutet, ganz zu sein, doch ohne seine schlechten Seiten kann
man nicht ganz sein, es geht darum, ein Gleichgewicht zu
finden. Das heißt vollkommen sein. Das befreit dich ungeheuer, das erlaubt dir, dein Menschsein zu akzeptieren, zu
sehen, daß du dein Chaos und dein Kosmos bist.«

Sogar Jesus wurde ärgerlich, wenn jemand zu ihm sagte:
»Du bist gut.« – »Allein Gott ist gut«, sagte Jesus Christus.

MAURO *Bei den Chinesen bedeutet das Wort Krise auch
Möglichkeit.*

PAULA *Mein Freund hat mir vor meinem Abflug nach
Rio auf dem Flughafen genau diesen Satz gesagt. Er hat nicht
das Wort Krise benutzt, sondern das Wort Problem: »Paula,
die Chinesen sehen im Zeichen für Problem auch Möglichkeit.«*

MAURO *Paulo hat von der Pilgerreise gesprochen, vom
Weg als Suche nach der eigenen Identität. Die Frage ist:
Handelt es sich um eine Aufgabe, die in einem bestimmten
Augenblick zu Ende geht, oder hat sie kein Ende? Ist es
etwas, was man erringt, oder ein Prozeß?*

Gute Frage, Mauro.

MAURO *Denn in der Frage liegt die Antwort darauf, ob
eine Pilgerreise sinnvoll ist oder nicht.*

Zweifellos. Ich habe immer versucht, eine Antwort auf
die berühmte Frage zu finden: Wer bin ich? Und ich versuche es nicht mehr. Es ist keine Frage mehr, es ist eine Antwort: Ich bin. Und von dem Augenblick an, in dem ich bin,
muß ich sein. Daher kann ich nicht antworten, ich muß

ganz und gar sein. Gott hat Mose die gleiche Antwort gegeben, als dieser ihn fragte: »Wer bist du?« – »Ich bin der, der ich bin«, hat er geantwortet. Ich glaube, daß wir sind und weiter nichts, das ist es. Mit diesem Augenblick beginnt die Pilgerreise. Vorher hatte ich Ziele, ich glaube, es ist wichtig, welche zu haben, eine Vorstellung zu haben, sein Leben etwas zu organisieren, aber immer vor dem Hintergrund, daß man begreift, daß der Weg der große Genuß ist.

MAURO *Das heißt, das Ziel ist der Prozeß. Die große Frustration vieler Menschen liegt darin, daß sie weder in der inneren noch in der äußeren Suche, wie zum Beispiel einer Pilgerreise, ein Ziel sehen, weil sie den wahren Sinn des Beginns nicht begreifen. Denn wir alle sind auf der Suche, jeder auf seine Art, aus ganz individuellen Gründen. Ich glaube, wir zum Beispiel begreifen die Bedeutung des Prozesses, aber jemand, der nicht mit uns diskutiert hat, wird sich auf unsere Äußerungen keinen Reim machen können, so sehr sie ihn auch begeistern mögen.*

In der Tat. Es gibt ein Gedicht von Cavafis, einem großen griechischen Dichter, mit dem Titel *Ithaka,* dem Namen der Stadt, in die Odysseus nach dem Krieg zurückkehren soll. Das Gedicht, das wunderbar ist, beginnt folgendermaßen: »Wenn du nach Ithaka aufbrichst, wünsche dir, der Weg möge sehr lang sein…« Und am Ende heißt es: »Selbst wenn Ithaka dir nach deiner Rückkehr arm erscheint, hat es dich nicht betrogen, weil es dir diese Reise gegeben hat, und das will Ithaka besagen.« Ich glaube, er hat vollkommen recht.

Als ich die Kathedrale von Santiago de Compostela das erste Mal gesehen habe, war das für mich ein Schock. Ich sagte mir: »Nun bin ich an dem Ort angelangt, den ich am Anfang meiner Pilgerreise unbedingt erreichen wollte, aber jetzt ist sie zu Ende, und ich muß eine Entscheidung treffen.« Bis dahin hatte ich den Pilgerweg unbedingt zu Ende gehen wollen, doch als ich angekommen war, dachte ich: »Und was tue ich jetzt? Was mache ich mit der Kathedrale? Was mache ich mit alldem?« Daher ist der Sinn der Reise der, den der spanische Dichter Machado in einem seiner Gedichte formuliert: »Wanderer, den Weg gibt es nicht, den erwanderst du dir.«

MAURO *Mir fällt da die Beerdigung von Jacqueline Kennedy ein. Alle erwarteten von ihrem Lebensgefährten der letzten Jahre, daß er bei einem so feierlichen Anlaß eine Rede halten würde, aber er hat nur das Gedicht* Ithaka *gelesen, aus dem Paulo gerade zitiert hat.*

Ach wirklich? Das wußte ich nicht.

MAURO *Wir haben vorher von der Wegkreuzung gesprochen, vom Ja oder Nein, vom Weitergehen oder Umkehren. Ich habe mir ein paar Notizen gemacht. Vielleicht ist das gefährlichste Gefühl des Weges das »Vielleicht«, das an der Wegkreuzung die Überlegung zuläßt. Es ist ein Wort, das lähmt, das den Weg unterbricht und das eine Überlegung in bezug auf zwei Handlungsmöglichkeiten erlaubt: das Voranschreiten oder Zurückgehen. Paulo, du hast gesagt, dies habe nichts mit dem Zweifel zu tun, aber es gibt viele Menschen, die glauben, daß das Vielleicht eine Form des Handelns ist. Wenn du einen Unterschied zwischen Zweifel und Vertrauen festlegst, ist dieser Zweifel gesund, das Vielleicht ist es nicht, es zerstört das Handeln.*

ANA *Das schlimmste Drama des Menschen ist, wählen zu*

müssen, denn in Wirklichkeit würde man am liebsten alles
zugleich durchleben. Aber man muß wählen.

Aber das ist eine Falle, weil du in Wahrheit, wenn du wählst, alles zugleich durchlebst, absolut alles. In dem Augenblick, in dem du deine Entscheidungskraft ausübst, sind alle Wege in dem Weg enthalten, den du einschlagen wirst.

ANA *Aber verzichtest du nicht, wenn du in eine Richtung gehst, auf das, was dir passieren könnte, wenn du die andere eingeschlagen hättest?*

Nein. Das ist keine Metapher. Das ist Realität. Wir haben von Aleph gesprochen, alle Wege sind ein einziger Weg, aber du mußt wählen und wirst auf dem einen gewählten Weg alle Wege durchleben, die du nicht gewählt hast. Das ist eine Metapher, weil du auf nichts verzichten mußt. Der Weg, den du gewählt hast, enthält alle Wege.

Um auf Jesus zurückzukommen, der gesagt hat: »Das Haus meines Vaters hat viele Wohnungen.« Alle Wege führen zum selben Gott. Wenn wir nur uns betrachten, dann haben wir unseren Weg, er ist unsere Wahl, aber es kann einhundert oder zweihundert geben. Unsere Vorfahren sagten: »Es gibt acht oder neun Arten zu sterben.« Wenn du deinen Weg wählst, ist das deine persönliche Geschichte, ist das dein Schicksal, deine »Legende«. Was du nicht tun darfst, ist, den Weg deines Vaters oder den deines Ehemannes zu leben, weil sie nicht deine Wege sind und du am Ende deines Lebens anlangen wirst, ohne deinen eigenen Weg kennengelernt zu haben. Die anderen Wege enthalten ihn nicht, aber dein Weg enthält die anderen.

Und nun laßt uns etwas essen und ein Glas trinken und dann weiterreden…

Paulo Coelho war von diesem Gespräch mit den drei spanischen Studentinnen positiv beeindruckt. Er schlug eine Unterbrechung vor, um ein paar Tapas mit Schinken und Käse zu essen und einen phantastischen italienischen Wein zu trinken, den jemand ihm geschenkt hatte.

ANA *Ich würde dich gern fragen, ob es dir nicht angst macht, Juan all deine ganz persönlichen Geschichten erzählt zu haben, weil du ganz nackt dastehen wirst.*

Nein, ich habe keine Angst, nackt dazustehen, ganz im Gegenteil. Ich finde, ein Schriftsteller ist dazu verpflichtet. Es ist sehr einfach, sich hinter einem Buch zu verbergen und ein Bild von sich zu schaffen, mit dem du dann leben mußt und das dich verfolgt. Ich habe das bei der Musik erlebt: Man hat uns eine Rolle aufgezwängt, ich habe mitgemacht, aber zwei oder drei Jahre später ist ein Desaster passiert. Ich habe mir selber gelobt, niemals eine fiktive Gestalt zu werden. Ich bin eine öffentliche Person, aber ich will wahrhaftig sein, keine Rolle spielen.

ANA *Das könnte für viele deiner Leser ein Schock sein.*

Ich hoffe das, ehrlich gesagt. Jesus hat sehr richtig gesagt: »Die Wahrheit kennen wird euch frei machen.« Nur durch die Wahrheit können wir frei sein. Was ich hier tue, indem ich Juan mein ganzes Leben erzähle, ohne ihm etwas zu verbergen – so weitgehend, daß ich die nächsten zwanzig Jahre hoffentlich nicht wieder darüber sprechen muß –, mag im Augenblick nicht gerade politisch korrekt sein, aber langfristig gesehen wird man Achtung vor mir haben, ich werde mich freier fühlen, meine Leser werden verstehen, daß dies meine Wahrheit ist, und mich so akzeptieren, wie ich bin, auch wenn ich mich ständig in einem Prozeß der Veränderung und in Bewegung befinde.

PAULA *Was suchst du, wenn du schreibst?*

Mich selbst. In jedem Augenblick meines Lebens habe ich mich innerlich verändert, und ich verstehe mich noch immer nicht ganz. Ich schreibe, um zu wissen, wer genau ich in dem Augenblick bin, in dem ich schreibe.

Anschließend verändere ich mich und muß ein anderes Buch schreiben, so kann ich meine vielen Veränderungen, meine vielen Facetten und Nuancen mit anderen teilen. In dem Maße, wie ich ehrlich und offen bin – was nicht einfach ist, es ist auch eine Übung in Disziplin –, habe ich in meinen Büchern eine Identität, und wenn ich diese Identität in meinen Büchern habe, kann ich bestimmt die Energie dieser Identität jenseits der Worte übermitteln.

Vielleicht läßt sich mein weltweiter Erfolg nur damit erklären, daß ich etwas vermittle, was über die Worte in meinen Büchern hinausgeht. Aber es fällt mir schwer, das zu erklären.

MAURO *Da wir gerade über Personen und Rollen sprechen: John Wayne sollte in Hollywood mit den Dreharbeiten für einen Film anfangen, und als der Regisseur, John Ford, ihm das Drehbuch gab, fragte John Wayne: »Wie heißt der neue Name, den die Figur John Wayne im Kino spielen wird?« Denn er spielte immer nur eine Rolle, und das war die von John Wayne. John Ford sagte ihm, er solle sich keine Sorgen machen, daß er in seinem Film nicht John Wayne zu spielen brauche. Der Film spielt in Irland. Er heißt* The Quiet Man / Der Sieger, *mit Maureen O'Hara. Es ist die Geschichte einer Tradition. Sie spielt in einem kleinen Dorf*

– und sie ist zugleich die Geschichte zwischen John Ford und seiner irischen Herkunft. Es war der einzige Film, in dem John Wayne nicht John Wayne war, und John Ford gewann einen Oscar.

Wenn jetzt weiter nichts anliegt, werde ich Juan Arias interviewen, denn ich hätte gern Näheres über das erfahren, was er über Papst Wojtyła und über den Vatikan schreibt.

Die Gespräche allein mit Coelho gingen an an den folgenden Tagen weiter, aber ich wollte gern, daß das Buch mit dieser Begegnung, dem ungeplanten Gespräch mit drei seiner Leserinnen, endet. Sie stehen für die vielen jungen Menschen auf der ganzen Welt, die von den Büchern des brasilianischen Autors (wie einst von den Büchern Castanedas) dazu angeregt werden, über sich selbst und über die Suche nach dem eigenen Schicksal nachzudenken.

Bitte beachten Sie auch
die folgenden Seiten

Paulo Coelho
im Diogenes Verlag

Der Alchimist

Roman. Aus dem Brasilianischen
von Cordula Swoboda Herzog

Santiago, ein andalusischer Hirte, hat einen wieder-
kehrenden Traum: Am Fuß der Pyramiden liege ein
Schatz für ihn bereit. Soll er das Vertraute für möglichen Reichtum aufgeben? War er nicht zufrieden mit
seiner bescheidenen Existenz? Santiago ist mutig genug, seinen Traum nicht einfach beiseite zu wischen.
Er wagt sich hinaus und begibt sich auf eine Reise, die
ihn nicht nur von den Souks in Tanger über Palmen
und Oasen bis nach Ägypten führt, er findet in der
Stille der Wüste auch immer mehr zu sich selbst und
erkennt, was das Leben für Schätze bereithält, die
nicht einmal mit Gold aufzuwiegen sind.

»Ein Märchen mit orientalisch-südländischem Charme,
einfach und bezwingend in der Sprache, ein Seelenbal-
sam in unsicheren Zeiten. Hoffnungsvoller könnte ein
Buch nicht sein.« *Focus, München*

»Paulo Coelho zählt derzeit zu den weltweit meist-
gelesenen Schriftstellern.«
Marion Skalski/Annabelle, Zürich

Am Ufer des Rio Piedra
saß ich und weinte

Roman. Deutsch von
Maralde Meyer-Minnemann

Sie waren Jugendfreunde, ehe sie sich aus den Augen
verloren. Elf Jahre später treffen sie sich in Madrid bei
einem Vortrag wieder: sie, eine angehende Richterin,
die das Leben gelehrt hat, vernünftig zu sein und sich
nicht von Gefühlen mitreißen zu lassen; er, Welten-
bummler und undogmatischer Seminarist, der vor sei-

ner Ordination Pilar noch einmal wiedersehen will. Beide verbindet ihr Drang, aus ihrem sicheren Leben auszubrechen und ihre Träume zu wagen. Der Weg dahin ist lang, voller Durststrecken und kostet Überwindung: Überwindung der Angst, sich hinzugeben, der Schuldgefühle, der Vorurteile. In einem kleinen Dorf in den Pyrenäen offenbart sich ihnen eine Wahrheit, die ihre Sehnsucht und Leidenschaft übersteigt.

»Paulo Coelho schreibt in seinem Buch über die feminine Seite: die Fähigkeit, Zeichen zu lesen und Liebe einzusetzen, wo Männer Waffen gebrauchen.«
Alexandra Lautenbacher/Die Welt, Berlin

Der Fünfte Berg
Roman. Deutsch von
Maralde Meyer-Minnemann

In *Der Fünfte Berg* erzählt Paulo Coelho in einfacher, moderner Sprache die Geschichte des Propheten Elia, die wir alle kennen, so wie wir sie nicht kennen. Er versetzt uns 3000 Jahre zurück ins Jahr 870 v. Chr., als Gott Elia befahl, Israel zu verlassen und nach Phönizien ins Exil zu gehen. Damit aus dem Exil eine Heimat wird, muß zuerst eine Stadt untergehen, Elia sich verlieben und – mit und gegen seinen Gott – um seine Selbstbestimmung ringen.

»Mit *Der Fünfte Berg* tritt Paulo Coelho erneut den Beweis an, daß er ein wunderbarer Erzähler ist.«
Norddeutscher Rundfunk, Hannover

Auf dem Jakobsweg
*Tagebuch einer Pilgerreise nach
Santiago de Compostela*
Deutsch von Maralde Meyer-Minnemann

Der 700 km lange Pfad von den Pyrenäen bis nach Santiago de Compostela, der letzte Abschnitt des so-

genannten Jakobswegs, galt im Mittelalter neben den
Wallfahrten nach Rom und Jerusalem als wichtigster
Pilgerweg. Diesen langen Weg durch die rauhen, leeren Landschaften Nordspaniens ging im Sommer 1986
auch Paulo Coelho. In diesem sehr persönlichen ›Tagebuch‹ erzählt er von Abenteuern, Strapazen und spirituellen Prüfungen.

Veronika beschließt zu sterben
Roman. Deutsch von
Maralde Meyer-Minnemann

Veronika, die schwarzhaarige junge Slowenin mit den
grünen Augen, träumt von einer Pianistenkarriere.
Doch sie hat ihren Lebenstraum einem ereignislosen
Alltag im Nachkriegs-Ljubljana geopfert, ohne Herausforderung, ohne Risiko, ohne Passion. Eines Morgens beschließt sie, diesem Leben ein Ende zu machen. Doch die Überdosis Schlaftabletten befördert
sie nicht, wie erhofft, in den Tod, sondern in eine Irrenanstalt. Als sie erwacht, teilen ihr die Ärzte mit, sie
sei herzkrank und habe nur noch wenige Tage zu leben. Angesichts des Todes lernt Veronika nicht nur zu
überleben, sondern mit allen Fasern zu leben: Binnen
weniger Tage durchmißt sie, umgeben von ihren Mit-
Patienten, alle Höhen und Tiefen des Lebens, beginnt
für ihre Zukunft zu kämpfen und verliebt sich zum
ersten Mal.

»Coelho erzählt von elementaren Erfahrungen, und die
Leser erkennen sich darin wieder: mit ihren Schwächen und Ängsten ebenso wie mit ihren Sehnsüchten
und Träumen. Sein neues Buch, sagt Coelho, handle
vor allem ›vom Recht, anders zu sein. Ich wollte zu
meinen Lesern und zu mir davon sprechen, wie wichtig es ist, ein paar Kämpfe durchzustehen – nicht als
Opfer, sondern als Abenteurer‹.«
Rainer Traub / Der Spiegel, Hamburg

Handbuch des Kriegers des Lichts

Deutsch von Maralde Meyer-Minnemann

Ein Krieger des Lichts glaubt.
Weil er an Wunder glaubt, geschehen auch Wunder.
Weil er sich sicher ist, daß seine Gedanken sein Leben
verändern können, verändert sich sein Leben. Weil er
sicher ist, daß er der Liebe begegnen wird, begegnet
ihm diese Liebe auch.
Manchmal wird er enttäuscht, manchmal verletzt.
Und dann hört er Kommentare wie diesen: »Wie naiv
er doch ist!«
Aber der Krieger weiß, daß es sich lohnt. Für jede Nie-
derlage gibt es zwei Siege. Alle, die glauben, wissen
das.

Das *Handbuch des Kriegers des Lichts* erzählt von elementaren Erfahrungen, von Grenzgängern und Su-
chenden. In gleichnishaften Geschichten und Maxi-
men aus drei Jahrtausenden zeigt Paulo Coelho den
mutigen Umgang mit sich selbst, mit Konflikten und
schwierigen Lebenssituationen.

»Coelho wendet sich mit seinen Büchern an erwach-
sene Menschen in einer hektischen Welt, die ständig
Gefahr laufen, das Wesentliche aus den Augen zu ver-
lieren. Er erzählt in einer klaren Sprache. So entsteht
Literatur, die nicht verstört oder beunruhigt, sondern
Harmonie verbreitet.«
Cornelia Geißler / Berliner Zeitung

Der Dämon und Fräulein Prym

Roman. Deutsch von
Maralde Meyer-Minnemann

Ein Ort in den Pyrenäen, gespalten von Habgier, Feigheit und Angst. Ein Mann, der von den Dämonen
seiner schmerzvollen Vergangenheit nicht loskommt.
Eine junge Frau auf der Suche nach ihrem Glück. Sie-

ben Tage, in denen das Gute und das Böse sich einen erbitterten Kampf liefern und in denen jeder für sich entscheiden muß, ob er bereit ist, für seinen Lebenstraum etwas zu riskieren und sich zu ändern.

Mit diesem Roman schließt Coelho seine Trilogie über Liebe *(Am Ufer des Rio Piedra saß ich und weinte)*, Tod *(Veronika beschließt zu sterben)* und Macht *(Der Dämon und Fräulein Prym)* ab – drei große Antriebskräfte, die das Leben dreier Frauen in nur sieben Tagen grundlegend verändern.

»*Der Dämon und Fräulein Prym* ist ein Roman über Veränderungen, die auch den Leser am Ende verändert zurücklassen.« *Corriere della Sera, Mailand*

»Paulo Coelho ist der Meister der Sinnsucher-Fabeln.« *Der Spiegel, Hamburg*

Elf Minuten
Roman. Deutsch von
Maralde Meyer-Minnemann

Es war einmal eine Prostituierte namens Maria…
Maria ist eine junge Stoffverkäuferin aus einem brasilianischen Dorf. Ihre ersten unschuldigen Flirts lassen sie mit gebrochenem Herzen zurück. Die Liebe ist für sie »etwas Schreckliches, das nur Unglück bringt«, und sie ist überzeugt, daß sie nie die große Liebe finden wird. Ein Zufall verschlägt sie nach Genf, wo sie von Reichtum und einer Traumkarriere als Sambatänzerin träumt, sich aber als Prostituierte in einem Nachtclub durchbringen muß. Sie tut es ohne Scham, denn ihr Herz ist nicht dabei, und wie ihre Freier verfällt sie mehr und mehr einer dunklen Obsession: Sex. Da begegnet sie einem jungen Maler, der ihre zynische Weltsicht ins Wanken bringt und in den sie sich allen Vorsätzen zum Trotz verliebt. Maria muß sich entscheiden, ob sie den Mut hat, sich ihren Vorurteilen zu stellen und über eine intimere, spirituellere Form der

Erotik die Liebe neu zu entdecken und ein anderes Leben zu wagen.

»Es gibt Bücher, durch die entdeckt man neue Welten. Und es gibt Bücher, durch die entdeckt man sich selbst. Und ganz selten gibt es manchmal ein Buch, durch das man neue Welten in sich selbst entdeckt. Paulo Coelho schreibt solche Bücher.«
Veronica Ferres